ANDREA WELLNITZ

Die schönsten **biblischen Vornamen**

- ○ Für Jungen und Mädchen
- ○ Mit Herkunft und Bedeutung

WILHELM HEYNE VERLAG
MÜNCHEN

FSC

Mix
Produktgruppe aus vorbildlich
bewirtschafteten Wäldern und
anderen kontrollierten Herkünften

Zert.-Nr. SGS-COC-1940
www.fsc.org
© 1996 Forest Stewardship Council

Verlagsgruppe Random House FSC-DEU-0100
Das für dieses Buch verwendete
FSC-zertifizierte Papier *Holmen Book Cream*
liefert Holmen Paper, Hallstavik, Schweden.

Redaktion: Diethild Bansleben

Originalausgabe 05/2008

Copyright © 2008 by Wilhelm Heyne Verlag, München,
in der Verlagsgruppe Random House GmbH
http://www.heyne.de
Printed in Germany 2007
Umschlagillustration: © Picture Press/Marina Raith
Umschlaggestaltung: Eisele Grafik-Design, München
Satz: C. Schaber Datentechnik, Wels
Druck und Bindung: GGP Media GmbH, Pößneck

ISBN: 978-3-453-68533-8

Inhalt

Vorwort

Wer die Wahl hat, hat die Qual: Diese alte Weisheit trifft auch für all diejenigen zu, die gerade ein Baby erwarten. Internetportale werben damit, über 20 000 Vornamen parat zu halten – von australisch über japanisch bis hin zu skandinavisch. Doch welchen Namen sollen wir dem Kind nun geben? Einen klassischen oder einen modernen? Einen traditionellen oder lieber einen ausgefallenen? Diese Entscheidung ist nicht leicht, denn schließlich muss Ihr Kind diesen Namen sein ganzes Leben lang tragen. Vornamen aus der Bibel sind hier ein schöner Kompromiss: Sie sind traditionell und in jüngster Zeit trotzdem wieder sehr beliebt und modern: Ob Sara und David oder Lea und Benjamin – mit diesen Vornamen wird man auch in 50 Jahren noch etwas verbinden – aber wird dann noch jemand wissen, wer Paris Hilton war?

Allen werdenden Eltern, die einen zeitlosen Namen für ihr Kind suchen, gibt dieses Buch eine praktische Hilfe an die Hand. Hier sind die beliebtesten biblischen Vornamen gesammelt: von A bis Z, für Jungen und Mädchen. Sie finden Angaben zu Herkunft und Bedeutung sowie Kurz- und Koseformen und internationale Varianten. Außerdem werden die Bibelstellen genannt, an denen ein Name auftaucht, sowie Informationen darüber, welche Bedeutung die jeweilige Person in der Bibel hat.

Neben den rein biblischen Vornamen sind hier jedoch auch noch weitere Namen gesammelt, die eng mit der christlichen

Tradition verknüpft sind: So handelt es sich etwa um die Namen von Heiligen, Märtyrern oder Päpsten. Namen, die ebenfalls zeitlos und trotzdem modern sind: Wie zum Beispiel Katharina und Sebastian – auch diesen Vornamen liegen nach wie vor im Trend.

Und noch etwas: Leider finden sich in diesem Buch sehr viel mehr Namen für Jungen als für Mädchen. Das liegt daran, dass in der Bibel – und auch unter den Heiligen und Märtyrern – wesentlich mehr Männer als Frauen vertreten sind. Geschichte war bis vor nicht allzu langer Zeit nun einmal die Geschichte von Männern – das schlägt sich auch im Geschlechterverhältnis in diesem Buch nieder. Um jedoch dem weiblichen Anteil mehr Gewicht zu verleihen, sind auch weibliche Formen bekannter biblischer Vornamen aufgenommen, die selbst allerdings nicht in der Bibel auftauchen, wie beispielsweise Gabriele oder Simone.

Viel Spaß beim Stöbern wünscht Ihnen *Andrea Wellnitz*

Der Weg zum passenden Vornamen

In Deutschland, Österreich und der Schweiz haben Eltern das Recht und die Pflicht, den Vornamen ihres Kindes zu bestimmen. Doch welche Vornamen sind überhaupt zulässig? Darf ein Kind beliebig viele Namen tragen? Und für welche Schreibweise sollten Sie sich entscheiden? Auf den folgenden Seiten erfahren Sie, was es bei der Wahl des Vornamens zu beachten gilt.

Kriterien bei der Vornamenswahl

In früheren Zeiten hatten junge Eltern bei der Wahl des Vornamens noch nicht die Freiheiten wie heute. Zum einen war die Auswahl an Namen noch nicht so groß wie heute, zum anderen war es meist üblich, dass der Vater bestimmte, wie der neue Erdenbürger zu heißen hatte. Heute wählen Eltern in der Regel den Namen des Kindes gemeinsam aus – und zwar oft schon Wochen oder gar Monate vor der Geburt, da das Geschlecht des Babys schon früh bekannt ist. Dabei hilft ihnen eine Vielzahl von Kriterien:

- die Familientradition: Das Kind wird nach dem Vater oder Großvater, die Tochter nach der Mutter oder Großmutter, benannt. Im dänischen Königshaus heißen die männlichen

Thronfolger auch heute noch abwechselnd Frederik oder Christian.

- ein Name, der besonders gut klingt (auch in Kombination mit dem Familiennamen)
- ein bewusst schlichter Name, der nie unmodern wird
- ein origineller oder exotischer Name, der Aufsehen erregen soll
- ein Name aus dem persönlichen Umkreis
- der kirchlich gebundene Taufname oder Patenname
- ein beliebter Modename, wie er auf Namens-Hitlisten und in den Medien auftaucht
- ein Name aus der Literatur: Dichter, Schriftsteller oder literarische Figuren dienen als Vorbild. Ein Beispiel hierfür ist der Name Ronja, der durch Astrid Lindgrens Kinderbuch »Ronja Räubertochter« bekannt und beliebt wurde.
- ein politisch orientierter Name: So wurde Che z. B. als Zweitname gestattet.
- ein Name von einem Idol der Gegenwart
- ein Name, der wegen seiner geografischen Herkunft gewählt wurde, z. B. weil die Eltern Schweden-Fans sind.
- ein Name, der einen Wunsch ausdrückt
- ein nostalgischer Name, der an die Heimat, liebe Freunde oder an den letzten Urlaub erinnert

Namensrechtliche Bestimmungen der Bundesrepublik Deutschland

Erste Anlaufstelle nach der Geburt eines Kindes ist das Standesamt, in dessen Bezirk das Kind geboren ist. Binnen einer Woche muss die Geburt dem zuständigen Standesbeamten angezeigt werden. Falls sich zu diesem Zeitpunkt die Eltern noch nicht über den oder die Vornamen des Kindes einig sind, haben sie einen Monat Zeit, um diesen nachzumelden. Wer darf dies tun? Der § 255 der Dienstanweisung für die Standesbeamten und ihre Aufsichtsbehörden legt dies genau fest. Hier heißt es:

Zur Anzeige der Geburt sind, und zwar in nachstehender Reihenfolge, verpflichtet
1. der Vater des Kindes, wenn er Mitinhaber der elterlichen Sorge ist,
2. die Hebamme, die bei der Geburt zugegen war,
3. der Arzt, der dabei zugegen war,
4. jede andere Person, die dabei zugegen war oder von der Geburt aus eigenem Wissen unterrichtet ist,
5. die Mutter, sobald sie zu der Anzeige imstande ist.
Die Anzeige ist mündlich zu erstatten.

§ 262 regelt die Erteilung und Schreibweise der Vornamen. Hier heißt es:

(1) Das Recht zur Erteilung der Vornamen ergibt sich aus der Personensorge. Bei ehelichen Kindern steht dieses Recht den Eltern gemeinsam zu, in besonderen Fällen dem Ehegatten allein, der die Sorge für die Person des Kindes ausübt [...] Bei nicht ehelichen Kindern steht dieses Recht der Mutter zu.
(2) Der Standesbeamte soll sich bei der Anzeige der Vornamen vergewissern, dass die Vornamen von den berechtigten Personen erteilt worden sind.
(3) Bezeichnungen, die ihrem Wesen nach keine Vornamen sind, dürfen nicht gewählt werden. Das Gleiche gilt für Familiennamen, soweit nicht nach örtlicher Überlieferung Ausnahmen bestehen. Mehrere Vornamen können zu einem Vorna-

men verbunden werden; ebenso ist die Verwendung einer gebräuchlichen Kurzform eines Vornamens als selbstständiger Vorname zulässig.

(4) Für Knaben sind nur männliche, für Mädchen nur weibliche Vornamen zulässig. Nur der Vorname Maria darf Knaben neben einem oder mehreren männlichen Vornamen beigelegt werden. Lässt ein Vorname Zweifel über das Geschlecht des Kindes aufkommen, so ist zu verlangen, dass dem Kinde ein weiterer, den Zweifel ausschließender Vorname beigelegt wird.

(5) Die Schreibweise der Vornamen richtet sich nach den allgemeinen Regeln der Rechtschreibung, außer wenn trotz Belehrung eine andere Schreibweise verlangt wird. Wird eine andere Schreibweise verlangt, so soll der Standesbeamte dies aktenkundig machen.

So weit, so gut. Doch was bedeuten diese Gesetzesvorschriften im Klartext?

Zulässige Vornamen

Die Wahl des Vornamens ist zwar frei, doch dürfen dabei keine Sachbegriffe, »normale« Wörter, Produkt- oder Markennamen sowie Familiennamen gewählt werden. Häufige Streitfälle sind Pflanzennamen. Bei Mädchen sind zum Beispiel Jasmin, Rose oder Holly zulässig, nicht aber Seerose oder Pfefferminze, da diese nicht als Vornamen etabliert sind.

Auch sollte aus dem Vornamen eindeutig das Geschlecht des Kindes hervorgehen. Bei Namen wie Kai oder Toni, die nicht eindeutig verraten, ob das Kind nun männlich oder weiblich ist, muss daher ein eindeutiger Vorname als Zweitname gegeben werden, damit es später nicht zu Verwechslungen kommt. Die beliebten weiblichen Vornamen Gabriele, Simone und

Andrea dürfen in Deutschland ohne Zweitnamen vergeben werden. In der Schweiz dagegen ist wegen des Einflusses der italienischen Schweiz – in Italien sind dies männliche Vornamen – ein solcher Name nur in Kombination mit einem eindeutig weiblichen oder männlichen Vornamen zulässig.

Ebenfalls nicht zulässig sind Titel als Bestandteil eines Namens. Michael Jackson, der seinen ersten Sohn Prince Michael nannte, wäre bei deutschen Behörden auf Granit gestoßen, im Falle seines zweiten Sohnes, der Prince Michael II. heißt, sogar gleich doppelt: Unterscheidende Namenszusätze wie Zahlen oder »junior« sind in Deutschland nämlich ebenfalls nicht erlaubt.

In Zweifelsfällen liegt das Ermessen beim zuständigen Standesbeamten, der sich nach dem »Internationalen Buch der Vornamen« richtet, das in jedem Standesamt ausliegt. Sind Sie mit seiner Entscheidung nicht einverstanden, können Sie Einspruch dagegen einlegen. Kein Argument ist in diesem Fall übrigens, dass ein bestimmter Vorname in Großbritannien, den USA oder Kanada vorkommt, denn in diesen Ländern gibt es keinerlei Vorschriften zur Namensgebung. Schauspielerin Gwyneth Paltrow darf ihre Tochter also »Apple« nennen, in Deutschland wäre dies nicht zulässig. Ausnahmeregelungen kann es geben, wenn ein Name durch einen Prominenten etabliert wurde. Paris zum Beispiel gilt in Deutschland als männlicher Vorname (nach dem gleichnamigen Sohn des Königs Priamos von Troja aus der griechischen Mythologie). Da heutzutage jedoch die amerikanische Hotelerbin Paris Hilton bekannter ist als der sagenhafte Paris, könnte ein Gericht dies als Argument sehen, um Paris auch als Mädchennamen gelten zu lassen.

Anzahl der Vornamen

Wie viele Vornamen ein Kind tragen darf, ist gesetzlich nicht geregelt. Hier haben Standesämter und Gerichte sehr unterschiedliche Auffassungen. Während das Amtsgericht Hamburg sieben Vornamen bereits als nicht mehr tragbar ansieht, dürfen diese in Berlin jedoch problemlos eingetragen werden. Und: Auch wenn Sie als Fußballfan Ihrem Kind am liebsten alle elf Vornamen Ihrer Lieblingsmannschaft geben möchten: Behalten Sie dennoch im Auge, dass dies für Ihren Sprössling sehr unangenehm werden kann. Beim Umgang mit Ämtern und Behörden müssen nämlich stets alle Vornamen angegeben werden – und auf den wenigsten Formularen ist genug Platz, um elf Vornamen einzutragen. Die Regel sind heute ein bis maximal drei Vornamen.

Außerdem ist die Reihenfolge der Vornamen verpflichtend. Das heißt: Sie müssen das ganze Leben lang in der Reihenfolge angegeben werden, in der sie in der Geburtsanzeige eingetragen sind – ganz unabhängig davon, welches nun der Rufname ist. Früher wurde der Rufname noch unterstrichen, heute gelten alle Vornamen als gleichberechtigt. Für Sie als Eltern bedeutet das: Wenn Ihr Sohn nun Stefan Maximilian heißt, so dürfen Sie ihn Stefan oder Maximilian nennen und dies zwischendurch auch ändern. Offiziell wird der Rufname nirgends festgelegt.

Schreibweise der Vornamen

Mit der Eintragung ins Geburtsregister wird auch die Schreibweise des Vornamens festgelegt, Änderungen sind später nicht mehr möglich. Daher sollten sich die Eltern bei der Geburtsanzeige über die Schreibweise eines Namens (z.B. Miriam oder Mirjam) einig sein.

Jesus, Judas und Satan

Bei einigen biblischen Vornamen ist Vorsicht angebracht: Wenn Sie Ihr Kind zum Beispiel Judas oder Kain nennen wollen, könnte dies den Pulsschlag des Standesbeamten gehörig in die Höhe treiben. Hier handelt es sich um Vornamen, die deutlich negative Assoziationen hervorrufen. Sie sind zwar im »Internationalen Buch der Vornamen« verzeichnet, doch kann Sie der zuständige Standesbeamte hier unter Umständen an ein Gericht verweisen, das dann klärt, ob Sie Ihrem Kind wirklich diesen Namen geben dürfen. Ganz verboten sind auf jeden Fall die Namen Satan und Luzifer.

Doch wie sieht es mit Jesus aus? Hier waren die Gerichte zunächst der Meinung, dass dieser Name aus Rücksicht auf religiöse Gefühle in Deutschland nicht vergeben werden dürfe. Doch 1998 fällte das Oberlandesgericht Frankfurt am Main ein überraschendes Urteil: Es stellte fest, dass die Eintragung des Vornamens Jesus von Standesämtern nicht mehr abgelehnt werden darf. Ausschlaggebend war in diesem Zusammenhang, dass Jesus in Spanien und lateinamerikanischen Ländern durchaus ein gebräuchlicher Vorname ist. Nicht zulässig sind jedoch weiterhin die Vornamen Gott und Christus.

Namensrechtliche Bestimmungen in Österreich

In Österreich regelt das Personenstandsgesetz, wie eine Geburt anzuzeigen ist und welche Vornamen einem Kind gegeben werden dürfen. Im Einzelnen heißt es hier:

§ 18 Anzeige der Geburt

(1) Die Anzeige der Geburt obliegt der Reihenfolge nach

1. dem Leiter der Krankenanstalt, in der das Kind geboren worden ist;

2. dem Arzt oder der Hebamme, die bei der Geburt anwesend waren;

3. dem Vater oder der Mutter, wenn sie dazu innerhalb der Anzeigefrist (Abs. 2) imstande sind;

4. der Behörde oder der Dienststelle der Bundesgendarmerie, die Ermittlungen über die Geburt durchführt;

5. sonstigen Personen, die von der Geburt aufgrund eigener Wahrnehmung Kenntnis haben.

(2) Die Geburt ist der zuständigen Personenstandsbehörde innerhalb einer Woche anzuzeigen.

(3) Die Anzeige hat, soweit der Anzeigepflichtige dazu in der Lage ist, alle Angaben zu erhalten, die für Eintragungen in den Personenstandsbüchern benötigt werden.

(4) Kann die schriftliche Erklärung über die Vornamen des Kindes (21 Abs. 1) zur Zeit der Anzeige nicht beigebracht werden, haben die zur Vornamensgebung berechtigten Personen die Anzeige innerhalb eines Monats nach der Geburt zu ergänzen.

§ 21 Vornamensgebung

(1) Vor der Eintragung der Vornamen des Kindes in das Geburtenbuch haben die dazu berechtigten Personen schriftlich zu erklären, welche Vornamen sie dem Kind gegeben haben. Sind die Vornamen von den Eltern einvernehmlich zu geben, genügt die Erklärung eines Elternteiles, wenn er darin versichert, dass der andere Elternteil damit einverstanden ist.

(2) Bei Kindern [...] muss zumindest der erste Vorname dem Geschlecht des Kindes entsprechen; Bezeichnungen, die nicht

als Vornamen gebräuchlich oder dem Wohl des Kindes abträg-
lich sind, dürfen nicht eingetragen werden.

(3) Stimmen die Erklärungen mehrerer zur Vornamensgebung
berechtigter Personen nicht überein, hat die Personenstands-
behörde vor der Eintragung der Vornamen das Pflegschaftsge-
richt zu verständigen. Das Gleiche gilt, wenn keine Vornamen
oder solche gegeben werden, die nach Ansicht der Personen-
standsbehörde als dem Abs. 2 widersprechend nicht eingetra-
gen werden können.

§ 11 Personennamen
(1) Personennamen sind aus der für die Eintragung herange-
zogenen Urkunde buchstaben- und zeichengetreu zu überneh-
men. Sind in der Urkunde andere als lateinische Schriftzeichen
verwendet worden, müssen die Regeln für die Transliteration
beachtet werden.
[...]

Namensrechtliche Bestimmungen in der Schweiz

In der Schweiz muss eine Geburt spätestens drei Tage nach der Entbindung angezeigt werden. Anzeigeberechtigt sind im Allgemeinen dieselben Personen wie in Deutschland. In der Geburtsanzeige müssen die Vornamen des Kindes angegeben werden; eine nachträgliche Meldung ist nicht zulässig.

Auch in der Schweiz können Eltern grundsätzlich frei ent-scheiden, welche und wie viele Vornamen sie ihrem Kind ge-ben wollen. Zurückgewiesen werden Vornamen laut Artikel 69 der Zivilstandsverordnung vom 1. Juli 1994, *»wenn sie of-fensichtlich die Interessen des Kindes oder Dritter verletzen«.*

In der vom Schweizerischen Verband des Zivilstandsbeamten herausgegebenen Broschüre »Vornamen in der Schweiz« (1993) wird genauer beschrieben, wie dieser Artikel auszulegen ist. Hier heißt es:

Nicht eintragbare Namen
Es gibt Vornamen, die in einem bestimmten Fall nicht einge-
tragen werden dürfen: Mädchennamen für einen Knaben und
umgekehrt.
Aus dem Wortlaut des Artikels 69 der Zivilstandsverordnung
ergibt sich außerdem, dass der Zivilstandsbeamte Namen nicht
eintragen darf, die anstößig oder lächerlich sind, oder die die
Interessen des Kindes oder Dritter verletzen. Es ist damit die
Namensgebungsfreiheit der Eltern ausdrücklich eingeschränkt.
Vornamen, welche das Geschlecht des Kindes nicht ohne Wei-
teres erkennen lassen, können nicht allein erteilt und ein-
getragen werden. Der Sinn des Personennamens besteht unter
anderem darin, den Namensträger in seine Geschlechtsge-
meinschaft einzuordnen.

Diskutable Namen
Es gibt Namen, die zumindest diskutabel sind, etwa weil sie
den guten Geschmack verletzen. Nun sind aber gerade Ge-
schmacksfragen dem Entscheid des Zivilstandsbeamten ent-
zogen. Er kann persönlich sehr wohl einen von den Eltern ge-
wählten Vornamen als geschmackswidrig empfinden. Sofern
ein solcher Name nicht lächerlich oder anstößig ist und nicht
die Interessen irgendjemandes verletzt, kann der Zivilstands-
beamte ihn nicht ablehnen.

Auch in der Schweiz wird durch die Geburtsanzeige die Reihenfolge der Vornamen eindeutig festgelegt, einen Rufnamen

kennt man hier jedoch nicht. Die Anzahl der Vornamen wird nicht beschränkt.

Grundlage für das Zivilstandsregister in der Schweiz ist die Schriftsprache, mundartliche Formen wie Meieli (für Maria) oder Ruedi (für Rudolf) werden nicht eingetragen. Hilfestellung gibt das viersprachige Vornamenverzeichnis (in Deutsch, Französisch, Italienisch und Rätoromanisch), das in der bereits erwähnten Broschüre »Vornamen in der Schweiz« enthalten ist.

Da in der viersprachigen Schweiz bestimmte Vornamen je nach Sprache männlich oder weiblich sein können, dürfen diese nur in Kombination mit einem anderen, eindeutig männlichen oder weiblichen Vornamen vergeben werden. Im Einzelnen sind dies:

männlich	*weiblich*
Andrea (Andreas)	Andrea
Camille (Camill)	Camille (Camilla)
Claude (Claudius)	Claude (Claudia)
Dominique (Dominik)	Dominique (Dominika)
Gabriele (Gabriel)	Gabriele
Gerit, Gerrit (Garrit)	Gerit, Gerrit (Gerhardine)
Kai, Kaj, Kay	Kai, Kaj, Kay
Kersten (Karsten)	Kerstin, Kirsten
Patrice (Patrick)	Patrice (Patricia)
Sascha	Sascha
Simone (Simon)	Simone
Vanja	Vanja
Wanja	Wanja

Einige Tipps und Hinweise zur Namenswahl

Zu guter Letzt erhalten Sie hier noch einige Hinweise zur Wahl des Vornamens, die nicht nur mit gesetzlichen Vorschriften zu tun haben, sondern auch mit dem persönlichen Geschmack – und über den lässt sich ja bekanntlich nicht streiten.

- Haben Sie bei der Wahl des Vornamens immer das Wohl Ihres Kindes im Auge, denn Ihr Sohn oder Ihre Tochter trägt diesen Namen ein Leben lang – und will vielleicht nicht unbedingt gehänselt werden oder ständig den Namen buchstabieren müssen.
- Da heute auch gebräuchliche Kurzformen eines Vornamens eintragungsfähig sind, spricht eigentlich nichts dagegen, dass Sie Ihr Kind gleich Benny oder Susi nennen, denn Benjamin oder Susanne wird ja sowieso gerne abgekürzt. Dies ist für ein kleines Kind auch ganz niedlich, doch werden Kinder ja auch einmal größer. Und wenn Susi dann einmal Professorin für Astrophysik ist, möchte sie vielleicht doch lieber als Susanne ihren Nobelpreis in Empfang nehmen.
- Vor- und Zuname eines Kindes dürfen nicht identisch sein. Heißen Sie also zufällig Stefan mit Nachnamen, darf Ihr Kind nicht Stefan Stefan heißen.
- Auch mehrere Kinder innerhalb einer Familie dürfen nicht den gleichen Namen tragen, sie müssen sich zumindest durch einen Zweitnamen unterscheiden.
- Denken Sie bei Ihrer Namenswahl immer auch an den Familiennamen des Kindes, denn schließlich gehören beide zusammen. Alliterationen wie Susanne Seibold oder Markus Meier sind Geschmackssache, Reime wie Peter Grether

können ebenfalls leicht albern wirken. Verschonen Sie Ihr Kind auch mit schlechten Witzen, wie zum Beispiel »Axel Schweiß« oder »Tom Bola«, wenn Sie nicht Ihr Leben lang gehasst werden wollen. Zu einem sehr langen, mehrsilbigen Nachnamen, wie zum Beispiel Obermeier, passen kurze Vornamen besser als lange, umgekehrt klingt auch ein kurzer Nachname besser mit einem langen Vornamen. Wenn Sie einen sehr häufigen Nachnamen wie Meier, Müller, Schmidt oder einen regional geprägten Nachnamen wie Weishäuptl tragen, kann ein außergewöhnlicher oder exotischer Vorname leicht lächerlich wirken. Denken Sie nur einmal an Cheyenne Meier oder Leonardo Weishäuptl.

- Nicht jeder Name passt zu jedem Kind. Natürlich können Sie bei der Geburt noch nicht wissen, wie Ihr Sprössling sich einmal entwickeln wird, aber trotzdem sollten Sie bedenken, dass ein bestimmter Name bestimmte Assoziationen weckt. So stellt man sich unter Carmen eine rassige Dunkelhaarige vor, und ein Herkules passt nicht unbedingt zu einem schmächtigen Bürschchen. Zwar trägt jeder seine eigenen positiven wie negativen Vorurteile (die erste Liebe, der verhasste Mathe-Lehrer) gegenüber bestimmten Namen mit sich herum, doch sollten Sie Namen vermeiden, die bei den meisten Menschen bestimmte Assoziationen hervorrufen.

- Vorsicht ist auch bei Modenamen angebracht. So mussten sich Standesbeamte nach dem gleichnamigen Kinohit damit herumschlagen, ob »Nemo« als Vorname zugelassen ist und auch »Der Herr der Ringe« stand für manch ungewöhnliche Namenswünsche von Frodo & Co. Pate. Diese Namen sind allerdings auch relativ schnell wieder out – und wollen Sie Ihrem Kind in zehn Jahren wirklich erklären, dass es nach einem Zeichentrickfisch benannt wurde?

Hinweise zur Schreibweise
der biblischen Vornamen

Name ist nicht gleich Name: Bis in die 1960er-Jahre gab es konfessionelle Unterschiede bei der Schreibweise biblischer Vornamen. Die katholische Kirche folgte dabei im Wesentlichen den griechischen und lateinischen Übersetzungen der Bibel, die evangelische Kirche orientierte sich dagegen an der Bibelübersetzung von Martin Luther, der dabei auf die hebräische und für das Neue Testament auf die griechische Originallautung zurückgriff und sie zu transkribieren versuchte. Dies führte dazu, dass Personen, Landschaften und Orte oder auch ganze Bücher der Bibel unterschiedliche Namen hatten – je nachdem, ob man nun eine katholische oder evangelische Bibel vor sich liegen hatte. Ein Beispiel hierfür ist ein Prophet des Alten Testaments, der in der katholischen Kirche Job hieß, in der evangelischen Kirche jedoch als Hiob bekannt war.

In den 1960er-Jahren wurde jedoch der Wunsch nach einer einheitlichen Bibelfassung immer stärker, und so wurde 1962 mit einer Einheitsübersetzung des Alten und Neuen Testaments begonnen. 1966 setzten sich die Deutsche Bischofskonferenz, der Rat der Evangelischen Kirche in Deutschland und das Deutsche Bibelwerk dann erneut zusammen und bildeten eine Kommission zu Erarbeitung einheitlicher Namensformen. Diese erstellte eine Reihe von Vorschlägen, die ein Jahr später in Kloster Loccum angenommen wurden. Daher lautet der vollständige Name des Werkes: »Ökumenisches Verzeichnis der biblischen Eigennamen nach den Loccumer Richtlinien«, kurz »ÖVBE« genannt. Zum ersten Mal erschien das ÖVBE 1972; die heute gültige Fassung wurde schließlich 1979 beschlossen. Mit dem ÖVBE liegen nun einheitliche

Schreibweisen für biblische Personen- und Ortsnamen vor, die sowohl in der Einheitsübersetzung der Bibel als auch in der Lutherbibel von 1984 verwendet werden. Aus »Job« und »Hiob« wurde nun die allgemeingültige Schreibweise »Ijob« und statt des katholischen »Noe« und des evangelischen »Noah« gilt heute ein einheitliches »Noach«.

In Bezug auf die Schreibweisen besteht nun also eine Einigkeit zwischen der katholischen und evangelischen Kirche, doch die Alltagssprache wird nach wie vor von den Bezeichnungen der Lutherbibel bestimmt. Eine schlimme Nachricht wird eben nach wie vor »Hiobsbotschaft« genannt und nicht »Ijobsbotschaft«. Auch sprechen wir weiterhin von der »Arche Noah« und nicht der »Arche Noach«.

Was bedeutet dies nun für die Schreibweisen in diesem Buch? Auch sie orientieren sich am ÖVBE, was zur Folge hat, dass Sie bekannte biblische Vornamen wie Noah oder Elias zuerst einmal unter Noach und Elija finden. Doch keine Angst: Vom ÖVBE abweichende – und häufig auch geläufigere – Schreibweisen finden Sie in der gleichen Rubrik. Nur selten weichen die Schreibweisen so sehr voneinander ab, dass man nicht auf den ersten Blick einen Zusammenhang herstellen kann. Wo das doch der Fall ist, finden Sie von der entsprechenden katholischen oder evangelischen Schreibweise einen Querverweis auf die einheitliche Fassung, wie zum Beispiel beim katholischen Isaias, der nun einheitlich Jesaja heißt. Vor dem Standesamt gültig sind alle Varianten – belegt ist ihr Gebrauch ja schließlich seit Jahrtausenden.

Die schönsten biblischen Vornamen von A bis Z

Die schönsten biblischen Vornamen für Jungen

Sie erwarten einen Jungen? Auf den folgenden Seiten finden Sie die schönsten biblischen Jungennamen – von Aaron bis Zuriel.

A

Aaron, Aron   hebräisch. Bedeutung: der Erleuchtete.
Aaron war der ältere Bruder des Mose und half ihm dabei, das Volk Israel aus Ägypten ins gelobte Land Israel zu führen (Exodus 4). Sein Talent als Redner war es, das die Israeliten davon überzeugte, sich aus der ägyptischen Sklaverei zu befreien. Auch stand Aaron seinem Bruder vor dem Pharao bei (Exodus 5).

Abaddon   hebräisch. Bedeutung: Verderber, Zerstörer.
Abaddon ist der »Engel des Abgrunds« und tritt während der Apokalypse auf (Offenbarung des Johannes 9,11).

Abed-Nego   babylonisch. Bedeutung: Diener des Nebo (babylonischer Gott der Weisheit).
Im Alten Testament war Abed-Nego der babylonische Name des Asarja, der von König Nebukadnezzar

zusammen mit zwei anderen Männern in einen glühenden Feuerofen geworfen wurde, weil er sich weigerte, ein goldenes Standbild anzubeten. Gott rettete die Männer jedoch, und sie stiegen unversehrt aus dem Feuer (Daniel 3,12–93).

Abel   hebräisch. Bedeutung: von hebräisch *hebel* »Hauch, Vergänglichkeit«.

In der Bibel war Abel der zweite Sohn Adams und Schafhirte. Er wurde von seinem Bruder Kain aus Neid erschlagen, weil Gott ein Opfer des Abel annahm, das des Kain jedoch nicht (Genesis 4,1–16).

Abidan   hebräisch. Bedeutung: Mein Vater ist Richter.

Abidan war ein Befehlshaber der Stamms der Benjaminiten und der Sohn des Gidonis. Er wird in Numeri mehrmals erwähnt (z. B. Numeri 2,22).

Abiel   hebräisch. Bedeutung: Gott ist mein Vater.

Abiel aus Bet-Araba wird in 1 Chronik 11,32 als einer der Helden Davids genannt.

Abihu   hebräisch. Bedeutung: Er ist mein Vater.

Abihu hieß ein Sohn des Aaron im Alten Testament. Zusammen mit seinem Bruder wurde er von Gott getötet, weil sie ihm ein unerlaubtes Feueropfer darbrachten (Levitikus 10,1–5).

Abimael   hebräisch. Bedeutung: Mein Vater ist Gott.

Abimael ist ein Nachkomme Noachs und wird nur kurz erwähnt (Genesis 10,28).

Abimelech   hebräisch. Bedeutung: Mein Vater ist König.

Abimelech war der König von Gerar, in dessen Gebiet sich Abraham niederließ. Da Abraham seine Frau Sara ihm gegenüber als seine Schwester ausgab, ließ Abimelech sie zu sich holen. In der Nacht erschien ihm Gott und drohte ihm den Tod an. Doch da Abimelech Sara noch nicht nahegekommen war, durfte er am Leben bleiben und brachte Sara zu Abraham zurück (Genesis 20).

Abiram hebräisch. Bedeutung: Mein Vater ist überschwänglich.

Im Alten Testament wurde Abiram von einem Erdbeben verschluckt, nachdem er sich gegen Mose erhoben hatte (Numeri 16,1–17,28).

Abischai, Abisai hebräisch. Bedeutung: Mein Vater ist ein Geschenk.

Abischai ging zusammen mit König David zum schlafenden Saul, um ihn zu töten, wurde dann jedoch von David abgehalten (1 Samuel 26,6–9).

Abraham hebräisch. Bedeutung: Vater der Menge. Kurzformen: Abi, Abram.

Abraham war ein Stammvater des jüdischen Volkes. Auf Gottes Weisung zog er mit seiner Sippe aus seiner Heimat Haran nach Kanaan und wurde dort sesshaft (Genesis 12–25). Noch im Alter von beinahe 100 Jahren zeugte er einen Sohn. Ursprünglich war sein Name Abram, was »Der Vater ist erhaben« bedeutet.

Abschalom, Absalom hebräisch. Bedeutung: Vater des Friedens.

Abschalom war der dritte Sohn Davids (2 Samuel 13,1–22). Um die Ehre seiner Schwester Tamar zu retten, ließ er seinen Halbbruder Amnon ermorden.

Achaikus, Achaicus latinisierte Form des griechischen Namens Achaikos. Bedeutung: der aus Achaia Stammende.

Achaikus war ein Christ aus Korinth und Mitarbeiter des Apostels Paulus (1 Korinther 16,17).

Achan hebräisch. Bedeutung unklar, vermutlich Schwierigkeiten.

Achan wurde im Tal Achor gesteinigt, weil er bei der Belagerung Jerichos Gegenstände gestohlen hatte, die dem Untergang geweiht waren (Josua 7,1–26).

Achim hebräisch. Bedeutung unklar, eventuell »Er wird errichten«. Auch Kurzform zu ➔ Joachim.

Achim wird im Neuen Testament als ein Vorfahre Jesu angegeben (Matthäus 1,14).

Adalja hebräisch: Bedeutung unklar, eventuell »Gott ist gerecht«.

Adalja wird in Ester 9,8 erwähnt; er wird von den Juden umgebracht.

Adam hebräisch. Bedeutung: der Mensch, Mann aus Erde.

Adam war der erste von Gott erschaffene Mensch. In Genesis 2,4–25 wird erzählt, wie Gott den Menschen aus Ackerboden formte und ihm dann Atem einblies. Der Name geht zurück auf das hebräische *adamah* »Staub der Erde« und ist sowohl Eigenname als auch Bezeichnung für den Menschen an sich.

Adin hebräisch. Bedeutung: Schmuck.

Adin wird in Nehemia 10,17 kurz erwähnt.

Adina hebräisch. Bedeutung: der Zarte, Schlanke. Heute auch weiblicher Vorname.

Im Alten Testament war Adina ein Held Davids, der Sohn Schisas, aus dem Stamm Ruben, Haupt der Rubeniter und Anführer von 30 Mann (1 Chronik 11,42).

Adonija hebräisch. Bedeutung: Mein Herr ist Jahwe.

Adonija war einer der Söhne König Davids (1 Könige 1,5–25).

Adoniram hebräisch. Bedeutung: My Lord is exalted.

Im Alten Testament war Adoniram ein Fronaufseher unter den Königen David, Salomo und Rehabeam. Er wurde bei der Erhebung der Israeliten gesteinigt (1 Könige 12,18).

Adrian   lateinisch. Bedeutung: der aus der Stadt Hadria
Stammende. Internationale Varianten: Adriano (italienisch), Adrien (französisch).
Adrian von Nikomedien war vermutlich ein Offizier
im kaiserlichen Heer und erlitt um das Jahr 290 während
der Christenverfolgung unter Kaiser Maximian den
Märtyrertod.

Adriano   italienische Form von ➡ Adrian.

Adrien   französische Form von ➡ Adrian.

Ahab   hebräisch. Bedeutung: Onkel.
Ahab war ein israelitischer König im Alten Testament und
Ehemann der Jezebel (1 Könige 16,29).

Alexander   griechisch. Bedeutung: Beschützer, Verteidiger.
Zwischen 107 und 116 gab es einen Papst namens
Alexander, insgesamt der fünfte Papst. Über sein Leben ist
allerdings nur wenig bekannt. Später setzte man ihn mit
einem römischen Märtyrer namens Alexander gleich,
doch handelt es sich dabei vermutlich um eine andere
Person.

Alphäus   lateinische Form eines hebräischen Namens.
Bedeutung: Veränderung.
Im Neuen Testament war Alphäus der Vater der Apostel
Jakobus und Levi (Matthäus 10,3 und Markus 2,14).

Amal   hebräisch. Bedeutung: Arbeit.
Amal war ein Angehöriger des Stammes Ascher im Alten
Testament (1 Chronik 7,35).

Amarjas   hebräisch. Bedeutung: Jahwe hat gesprochen.
Im Alten Testament gibt es verschiedene Figuren dieses
Namens. In Esra 7,3 trägt ein Vorfahre Esras diesen
Namen. In Nehemia 11,4 wird ein Amarjas aus dem
Stamme Juda erwähnt und in Zefanja 1,1 wird Amarjas
als ein Vorfahre Zefanjas genannt.

Ami   hebräisch. Bedeutung: der Vertrauenswürdige.
Ein Ami wird in Esra 2,57 im Verzeichnis der heim-
kehrenden Priester und Leviten genannt.

Amittai   hebräisch. Bedeutung: meine Wahrheit.
Amittai war im Alten Testament der Vater des Propheten
Jona (2 Könige 14,25 und Jona 1,1).

Ammiel   hebräisch. Bedeutung: Gott ist mein Verwandter.
Ammiel war einer der Männer, die Mose ausschickte, um
das Land Kanaan zu erkunden (Numeri 13,12).

Amon   hebräisch. Bedeutung: der Treue.
Amon wurde mit 22 Jahren König von Jerusalem und
regierte zwei Jahre (2 Chronik 33,21–25).

Amos   hebräisch. Bedeutung: der von Gott Getragene,
Träger.
Amos ist ein Viehzüchter aus Tekoa, südlich von
Bethlehem. Er wird von Gott zum Propheten berufen
und kritisiert das unsoziale Verhalten der führenden
Kreise Israels. Er muss das Todesurteil für das Reich
Israel verkünden und kündigt einen »Tag des Herrn« an,
der »Finsternis bringen wird und nicht Licht« (Amos 5,
18–20).

Amram   hebräisch. Bedeutung: erhöhtes Volk.
Amram war der Vater von Mose und Aaron und wurde
137 Jahre alt (Exodus 1,20).

Ana   hebräisch. Bedeutung: Antwort. Ana gilt heute im
Allgemeinen als weiblicher Vorname, denn es ist die
spanische Schreibweise von → Anna.
Ana war der Vater von Oholibama, der Frau des Esau
(Genesis 36,14).

Anaja   hebräisch. Bedeutung: Jahwe antwortet.
Ein Mann namens Anaja wird in Nehemia 8,4 erwähnt.
Dort steht er zur rechten Hand des Schriftgelehrten Esra.

Anat hebräisch. Bedeutung: Antwort.

Anat war der Vater des Shamgar im Alten Testament (Richter 3,31).

Anders dänische und schwedische Form von ➙ Andreas.

Andi, Andy Kurzformen zu ➙ Andreas.

András, Andor ungarische Formen von ➙ Andreas.

André französische Form von ➙ Andreas.

Andreas griechisch. Bedeutung: der Tapfere, Mannhafte.

Kurzformen: Andi, Andy. Internationale Varianten: Andrew (englisch), André (französisch), Anders (dänisch, schwedisch), Andrej (russisch), Andrzej (polnisch), András, Andor (ungarisch).

Der griechische Name Andreas gelangte in hellenistischen Zeiten nach Palästina und fand dort schnell Verbreitung. In der Bibel war Andreas zusammen mit seinem Bruder Simon Petrus der Erste, den Jesus zum Apostel berief (Markus 1,16). Ursprünglich war der Fischer aus Kapernaum am See Genezareth ein Jünger von Johannes dem Täufer, bevor er sich dann Jesus anschloss. Namentlich erwähnt wird er unter anderem bei der Brotvermehrung und der Wiederkunftsrede Jesu. Später soll er das Evangelium rund um das Schwarze Meer sowie in Thrakien und Griechenland verbreitet haben. Im griechischen Patras erlitt Andreas schließlich den Märtyrertod, indem er an ein gegabeltes Kreuz gebunden wurde. Ein solches Kreuz, wie es zum Beispiel an Bahnübergängen zu finden ist, wird auch heute noch »Andreaskreuz« genannt.

Andrej russische Form von ➙ Andreas.

Andrew englische Form von ➙ Andreas.

Andrzej polnische Form von ➙ Andreas.

Anselm althochdeutsch. Bedeutung: Helm Gottes.

Anselm von Canterbury (um 1033/1034–1109) war ein

Bischof und Kirchenlehrer, der eine Vielzahl von theologischen Schriften verfasste. Der italienische Benediktinermönch wurde 1093 Erzbischof von Canterbury und kämpfte in dieser Position für die Unabhängigkeit der Kirche und gegen die Laieninvestitur.

Anthony englische Form von ➜ Antonius.

Antoine französische Form von ➜ Antonius.

Anton Kurzform zu ➜ Antonius.

Antonio italienische und spanische Form von ➜ Antonius.

Antonius lateinisch. Bedeutung: römischer Familienname, aus dem Geschlecht der Antonier stammend. Kurzformen: Anton, Toni. Internationale Varianten: Antonio (italienisch/spanisch), Anthony (englisch), Antoine (französisch).

In der Kirchengeschichte gibt es mehrere bedeutende Figuren mit dem Namen Antonius. Der bedeutendste Antonius ist der Einsiedler Antonius der Große, der um 251 in Mittelägypten geboren wurde. Als junger Mann hörte er die Worte Jesu: »Wenn du vollkommen sein willst, geh, verkauf deinen Besitz und gib das Geld den Armen; so wirst du einen bleibenden Schatz im Himmel haben; dann komm und folge mir nach.« (Matthäus 19,21). Antonius befolgte diesen Rat und zog sich in die Arabische Wüste zurück. Dort leitete er Einsiedlerkolonien nach dem Vorbild seines eigenen Lebens und gilt damit als »Vater des Mönchtums«. Antonius wurde über 100 Jahre alt und starb 356. Ein weiterer berühmter Namensträger ist der Kirchenlehrer Antonius von Padua (1195–1231), der vor allem in Italien ein beliebter Volksheiliger ist.

Aquila lateinisch. Bedeutung: Adler.

Aquila und seine Frau Priszilla (oder Priska) lebten in Korinth und beherbergten den Apostel Paulus. Später begleiteten sie ihn nach Syrien (Apostelgeschichte 18,2–18).

Areli hebräisch. Bedeutung: Löwe Gottes.
Areli war ein Sohn des Gad (Genesis 46,16). Auf ihn geht die Sippe der Areliter zurück.

Aretas griechische Form eines aramäischen Namens. Bedeutung unklar.
Aretas war der Fürst der Araber, der während des Bürgerkrieges in Jerusalem den Jason gefangen nehmen ließ (2 Makkabäer 5,8). Ein weiterer Aretas, ein König, wird in 2 Korinther 11,32 erwähnt.

Aridai Herkunft und Bedeutung unklar.
Im Alten Testament war Aridai einer der zehn Söhne des Judenfeindes Haman, die von den Juden getötet wurden (Ester 9,9).

Ariel hebräisch. Bedeutung: Held Gottes.
Ariel ist ein Abgesandter Esras (Esra 8,16), der Diener für das Haus Gottes in Jerusalem werben soll.

Aron Nebenform zu ➞ Aaron.

Asa hebräisch. Bedeutung: Arzt.
Asa war ein König von Juda (1 Könige 15,9–24).

Asaf, Asaph hebräisch. Bedeutung: Zöllner.
Asaf war ein levitischer Sänger (2 Chronik 5,12).

Asarel hebräisch. Bedeutung: Gott hat geholfen.
Im Alten Testament werden mehrere Personen mit dem Namen Asarel erwähnt, so zum Beispiel in 1 Chronik 4,16, 1 Chronik 27,22 und Esra 10,41.

Asarja hebräisch. Bedeutung: Jahwe hat geholfen.
Asarja war einer der drei Männer, die vom babylonischen König Nebukadnezzar in einen glühenden Feuerofen geworfen wurde, weil er sich weigerte, ein goldenes Standbild anzubeten. Gott rettete die Männer jedoch und

sie stiegen unversehrt aus dem Feuer (Daniel 3,12–93).
In 2 Könige 15,1–7 wird ein weiterer Asarja erwähnt, der
König von Juda war.

Asasel hebräisch. Bedeutung: Sündenbock.
Asasel ist der Empfänger einer Opferziege im Alten
Testament (Levitikus 16,8–26). Seine Identität ist unklar;
es könnte sich auch um den Namen des Ortes, an dem der
Ziegenbock geopfert werden soll, handeln oder um einen
bösen Wüstendämon.

Ascher hebräisch. Bedeutung: Glückskind.
Ascher war der Sohn von Silpa, der Magd von Jakob
und Lea (Genesis 30,13). Außerdem ist er der Stammvater
einer der zwölf Stämme Israels, der Ascheriten.

Asriel hebräisch. Bedeutung: Hilfe Gottes.
In Numeri 26,31 wird Asriel als Stammvater der
Asrieliter genannt, in 1 Chronik 5,25 und 1 Chronik
7,14 werden ebenfalls Männer diesen Namens
erwähnt.

Augustinus, August lateinisch. Bedeutung: der Erhabene.
In der Bibel wird der römische Kaiser Augustus
(Regierungszeit 131 v. Chr. bis 14 n. Chr.) erwähnt, der
zur Zeit der Geburt Jesu regierte (Lukas 2,1). In der
Kirchengeschichte ist der Bischof und Kirchenvater
Augustinus (auch: Augustinus von Hippo, Aurelius
Augustinus, 354–430) von großer Bedeutung. Im heutigen
Algerien als Sohn einer Christin geboren, führte er
zunächst ein eher zügelloses Leben. Später wurde er
Professor für Rhetorik in Mailand und ließ sich dort
taufen. Als Priester und Bischof verfasste er zahlreiche
berühmte Schriften, in denen er unter anderem das
Verhältnis des Menschen zu Gott und die Trinitätslehre
behandelte.

Azel   hebräisch. Bedeutung: der Zurückhaltende.
Azel wird in 1 Chronik 8,37 als ein Nachfahre Moses
genannt.

B

Balthasar   babylonisch-hebräisch. Bedeutung: Gott schütze
den König.
Balthasar war einer der »Heiligen Drei Könige«, der
Weisen aus dem Morgenland, die von Herodes nach
Bethlehem geschickt wurden, um den neugeborenen
König der Juden zu finden (Matthäus 2,1–12). Näheres
darüber, wer diese drei Weisen waren, ist allerdings nicht
bekannt. Nachdem sie dem Jesuskind ihre Geschenke
(Gold, Weihrauch und Myrrhe) übergeben hatten, kehrten
sie in ihre jeweiligen Heimatländer zurück. Die Auf-
teilung, nach der die drei Weisen aus den Kontinenten
Europa, Afrika und Asien stammten, erfolgte erst im
12. Jahrhundert.
Barak   hebräisch. Bedeutung: Blitz.
Barak war ein Heerführer der Kanaanäer. Er wurde
von der Richterin und Prophetin Debora besiegt (Richter
4,1–5,31).
Barnabas   hebräisch oder aramäisch. Bedeutung: Sohn des
Trostes. Internationale Varianten: Barnaby (englisch),
Barnabé (französisch).
Barnabas war der Beiname des Leviten Josef aus Zypern
(Apostelgeschichte 4,32–37). Er kam zur Jerusalemer
Urgemeinde und vermittelte dort zwischen der Gemeinde
und dem neu bekehrten Paulus. Er begleitete Paulus auf

seiner ersten Missionsreise und missionierte später auch alleine weiter.

Barnabé   französische Form von ➞ Barnabas.

Barnaby   englische Form von ➞ Barnabas.

Bartholomäus   aramäisch. Bedeutung: Sohn des Tolmai.
Internationale Varianten: Bartholomé (französisch), Bartolomé (spanisch), Bartolomeo (italienisch), Meo (italienische Kurzform), Mies (niederdeutsch, niederländisch).
Bartholomäus war einer der Jünger Jesu, der in der Bibel nur einmal (Matthäus 10,1–3) erwähnt wird.

Bartholomé   französische Form von ➞ Bartholomäus.

Bartolomé   spanische Form von ➞ Bartholomäus.

Bartolomeo   italienische Form von ➞ Bartholomäus.

Baruch   hebräisch. Bedeutung: der Gesegnete.
Baruch war der Gefährte und Sekretär des Propheten Jeremia und der Verfasser des gleichnamigen Buches im Alten Testament.

Beda, Bede   ungarische Formen von ➞ Benedikt.

Beliar   hebräisch. Bedeutung: der Wertlose.
Beliar war im Judentum die Bezeichnung für den Teufel. So heißt es: »Was für ein Einklang herrscht zwischen Christus und Beliar? Was hat ein Gläubiger mit einem Ungläubigen gemeinsam?« (2 Korinther 6,15). Im späteren Christentum wurde Beliar zum Namen eines bösen Engels, der mit Gesetzlosigkeit und Wollust in Verbindung gebracht wurde.

Benaja   hebräisch. Bedeutung: Gott hat errichtet.
Im Alten Testament gibt es verschiedene Figuren mit dem Namen Benaja. So werden in 1 Chronik 27,34, 2 Chronik 20,14 und Ezekiel 11,1 Männer mit diesem Namen erwähnt.

Bendix   Kurzform zu ➞ Benedikt.

Benedek ungarische Form von ➙ Benedikt.

Benedetto italienische Form von ➙ Benedikt.

Benedict englische Form von ➙ Benedikt.

Benédict französische Form von ➙ Benedikt.

Benedicto spanische Form von ➙ Benedikt.

Benedikt lateinisch. Bedeutung: der Gesegnete. Kurzformen: Bendix, Benno. Internationale Varianten:
Benedict, Bennet (englisch), Bénédict, Benoit (französisch), Benedetto (italienisch), Bengt (schwedisch), Bent
(dänisch), Benedicto (spanisch), Benito (italienisch,
spanisch), Benedek, Beda, Bede (ungarisch).
Benedikt von Nursia (um 480–547) gilt als »Vater des
abendländischen Mönchtums«. Der Sohn einer italienischen Adelsfamilie gründete das später weltberühmte
Kloster Montecassino und verfasste dort seine Kloster-
regel. Nach der sogenannten »Benediktus-Regel«, deren
Grundpfeiler das Gebet, die Arbeit und das Studium
bilden, lebte zwischen dem 8. und 12. Jahrhundert das
gesamte abendländische Mönchtum. Der Wahlspruch
»Ora et labora« (Bete und arbeite) wurde nicht nur
Grundlage der Benediktiner, sondern auch zahlreicher
anderer Ordensgemeinschaften.
Später trugen zahlreiche Päpste den Namen Benedikt,
darunter auch der gegenwärtige Papst Benedikt XVI., der
1927 als Joseph Ratzinger geboren wurde.

Bengt schwedische Form von ➙ Benedikt.

Benito italienische und spanische Form von ➙ Benedikt.

Benjamin hebräisch. Bedeutung: Sohn der rechten (glück-
lichen) Hand, Sohn des Glücks, Glückskind. Kurzformen:
Ben, Benny, Benno.
Benjamin wurde in Genesis 35,16–20 als jüngster der
zwölf Söhne des Jakob geboren. Seine Mutter Rahel

starb bei seiner Geburt. Später (Genesis 43–45) reiste Benjamin mit seinen Brüdern nach Ägypten, um das Land Kanaan vor einer Hungersnot zu retten. Dort wurde er beschuldigt, den silbernen Becher seines Gastgebers gestohlen zu haben und sollte in die Sklaverei verkauft werden. Doch seine Brüder setzten sich leidenschaftlich für ihn ein. Daraufhin gab sich der Gastgeber zu erkennen: Es handelte sich um Benjamins Bruder Josef, der vor Jahren von den älteren Brüdern in die Sklaverei verkauft worden war. Da er sah, dass sich die Brüder zum Positiven verändert hatten, beschenkte er sie reichlich. Benjamin erhielt 300 Silberlinge und fünf Feierkleider. Außerdem ist Benjamin der Stammvater der Benjaminiten.

Gemäß dieser Rolle als jüngster Sohn des Jakob gilt »Benjamin« allgemein als Synonym für den jüngsten Sohn einer Familie oder einen Nachzügler.

Bennet   englische Form von → Benedikt.

Benno   Kurzform zu → Benedikt.

Benoit   französische Form von → Benedikt.

Bent   dänische Form von → Benedikt.

Bernard   englische und französische Form von → Bernhard.

Bernardo   italienische Form von → Bernhard.

Bernhard   althochdeutsch. Bedeutung: harter Bär. Internationale Varianten: Bernard (englisch, französisch), Bernardo (italienisch).

In der Kirchengeschichte von großer Bedeutung ist der Abt und Kirchenlehrer Bernhard von Clairvaux (um 1090–1153), der nicht nur ein bedeutender Vertreter der abendländischen Mystik war, sondern auch erheblich zur Ausbreitung des Zisterzienserordens beitrug.

Betuel hebräisch. Bedeutung: Mann Gottes.

Betuel war der Vater der Rebecca, die später Abrahams Sohn Isaak heiratete (Genesis 24,15).

Boas hebräisch. Bedeutung: In ihm ist Stärke.

Boas war der reiche Besitzer eines Feldes in Bethlehem, auf dem Rut die bei der Ernte übrig gebliebenen Ähren auflas. Er verliebte sich in sie, und sie heirateten (Rut 2,4–4,13).

Boris russisch. Bedeutung: Ruhm und Kampf.

Boris von Bulgarien († 907) war der erste christliche Herrscher des Landes Bulgarien. Vor allem von der Ostkirche erhielt er große Unterstützung. Schließlich legte er sein weltliches Amt nieder und zog sich in ein Kloster zurück, wo er bis zu seinem Tod lebte.

Bruno latinisierte Form des alten deutschen Namens Brun. Bedeutung: der Braune.

In der Kirchengeschichte gibt es mehrere bedeutende Personen mit dem Namen Bruno. Bruno von Querfurt (um 974–1009) war ein Benediktinermönch, der Erzbischof von Magdeburg wurde und sich der Missionstätigkeit widmete. Er ging nach Siebenbürgen und Weißrussland, später dann nach Preußen, wo er in der Nähe von Danzig von Heiden ermordet wurde.

Bruno der Kartäuser (um 1030/1040–1101) war der Gründer des strengen Eremitenordens der Kartäuser. In den Bergen um Grenoble entstand im Jahr 1084 »La Grande Chartreuse«, das Stammkloster der Kartäuser, das auch heute noch Zentrum des Ordens ist.

Bus hebräisch. Bedeutung: Verachtung.

Bus war ein Sohn des Nahor und ein Verwandter Abrahams (Genesis 22,21).

C

Cajaphas   Nebenform zu → Kajaphas.

Caleb   Nebenform zu → Kaleb.

Carmi   Nebenform zu → Karmi.

Carpus   Nebenform zu → Karpus.

Caspar   Nebenform zu → Kaspar.

Chrétien   französische Form von → Christian.

Chris   Kurzform zu → Christoph.

Chris, Christel   Kurzformen zu → Christian.

Christer   dänische und schwedische Form von → Christian.

Christian, Kristian   lateinisch. Bedeutung: Anhänger Christi.
Kurzform: Chris, Christel. Internationale Varianten:
Chrétien (französisch), Christer, Krister (dänisch, schwedisch), Cristian, Cristiano (italienisch), Karsten, Kesten,
Krischan (niederdeutsch).
Kristián Strachkvas (935–996), auch Christianus genannt,
war der Sohn des böhmischen Königs Boleslav. Angeblich
wurde er am Tag der Ermordung des hl. Wenzel geboren.
Sein Vater sah ihn für den geistlichen Weg vor und
schickte ihn zum Studium in ein Kloster in Regensburg,
wo er Mönch wurde und den Namen Christian annahm.
In Regensburg verfasste er die sogenannte »Christians-
legende«, die das Leben der hl. Ludmilla von Böhmen und
des hl. Wenzel beschreibt und als erste Chronik Böhmens
gilt. Als Christian zum Bischof von Prag geweiht werden
sollte, starb er während der Zeremonie an einem Schlag-
anfall.

Christoph, Christopher, Christophorus   griechisch.
Bedeutung: Christus-Träger. Kurzformen: Chris, Stoffel.
Internationale Varianten: Christopher (englisch), Chris-

tophe (französisch), Cristoforo (italienisch), Cristóbal (spanisch), Krysztof (slawisch).

Christophorus ist einer der bekanntesten Heiligen und gilt als Schutzpatron der Fuhrleute – in vielen Autos hängt daher auch heute noch eine Christophorus-Plakette am Rückspiegel. Über das Leben des Märtyrers weiß man allerdings nur wenig. Vermutlich erlitt er um 250 in der heutigen Türkei den Märtyrertod. Bekannt ist allerdings die Legende vom Christus-Träger: In ihr trägt ein Riese namens Reprobus als Fährmann arme Wanderer über einen Fluss, darunter unerkannt auch das Jesuskind. Als er die Mitte des Flusses erreicht hat, wird das Kind auf seiner Schulter immer schwerer, bis Reprobus kaum noch gehen kann. Da gibt sich Jesus zu erkennen und tauft ihn auf den Namen Christophorus. Die schwere Last wurde später als die Allmacht Gottes gedeutet.

Christophe   französische Form von → Christoph.

Christopher   englische Form von → Christoph.

Christophorus   Nebenform zu → Christoph.

Clemens   Nebenform zu → Klemens.

Cleopas   Nebenform zu → Kleopas.

Cleophas   Nebenform zu → Kleophas.

Clopas   Nebenform zu → Klopas.

Conrad   spanische Form von → Konrad.

Constantin   Nebenform zu → Konstantin.

Constantine   englische Form zu → Konstantin.

Corbinian   Nebenform zu → Korbinian.

Cornelius, Kornelius   lateinisch. Bedeutung: römischer Familienname, vermutlich von *cornu* »Horn«.

Cornelius war ein römischer Zenturio, der von einem Engel den Befehl erhielt, den Petrus aufzusuchen.

Nachdem er mit diesem gesprochen hatte, bekannte er
sich zum Christentum (Apostelgeschichte 10,1–8).

Costatino   italienische Form von ➙ Konstantin.

Cristian, Cristiano   italienische Form von ➙ Christian.

Cristóbal   spanische Form von ➙ Christoph.

Cristoforo   italienische Form von ➙ Christoph.

D

Dan   hebräisch. Bedeutung: Er richtete.
Dan war einer der zwölf Söhne Jakobs und einer der
zwölf Stammväter Israels (Genesis 35,25).
Außerdem ist Dan eine Kurzform zu ➙ Daniel.

Daniel   hebräisch. Bedeutung: Mein Richter ist Gott. Kurzformen: Dan, Danny (englisch), Internationale Varianten:
Daniele (italienisch), Danilo (slawisch).
Der Prophet Daniel ist die Hauptfigur des gleich-
namigen Buches im Alten Testament, das vermutlich im
zweiten Jahrhundert vor Christus entstand. Im babyloni-
schen Exil wurde Daniel Berater des Königs Nebukad-
nezzar, nachdem er ihm einen Traum gedeutet hatte.
Auch Nebukadnezzars Nachfolger Belsazar griff auf
Daniels Dienste zurück, der für ihn die berühmten
»Menetekel« interpretierte, der Feuerschrift an der Wand.
Bekannt ist vor allem die Geschichte von Daniel in der
Löwengrube: Weil der Prophet sich nicht an das Verbot
hielt, zu Gott zu beten, ließ ihn König Darius in eine
Löwengrube werfen. Doch die Löwen verschonten Daniel.
So wurde er gerettet.

Daniele   italienische Form von ➙ Daniel.

Danilo   slawische Form von ➡ Daniel.

Datan   hebräisch. Bedeutung: Brunnen.

Datan war einer der Verschwörer gegen Mose (Numeri 16,1–17,21).

David   hebräisch. Bedeutung: der Geliebte, Liebende. Internationale Varianten: Davide (italienisch).

David war ein König im Alten Testament und Ahnherr Jesu. Als junger Hirte wurde er vom ersten israelitischen König Saul an dessen Hof geholt. Als die Philister den Hof überfielen, besiegte Daniel deren Kriegshelden Goliath mit Hilfe einer Steinschleuder (1 Samuel 17). Später überwarf er sich mit Saul, wurde dann jedoch zu dessen Nachfolger gewählt. Er galt als der ideale König, der stark und fromm war und in der Folge die Nord- und Südstämme Israels einte. Jerusalem wurde Hauptstadt.

Davide   italienische Form von ➡ David.

Delaja   hebräisch. Bedeutung: Jahwe hat entschieden.

Im Alten Testament werden mehrere Personen mit dem Namen Delaja erwähnt, darunter in Esra 2,60, Nehemia 6,10 und Nehemia 7,62.

Dikla   hebräisch. Bedeutung: Palmengarten.

Dikla war ein Sohn des Joktan (Genesis 10,27).

E

Eben-Eser, Ebenezer   hebräisch. Bedeutung: Stein der Hilfe.

Eben-Eser war der Name eines Monumentes, das Samuel errichten ließ (1 Samuel 7,12).

Eden   hebräisch. Bedeutung: Schönheit. Auch weiblicher Vorname.

Der Garten Eden war das Paradies, in das Gott Adam
hineinsetzte, damit er ihn bebaue und hüte (Genesis 2,15).

Eder   hebräisch. Bedeutung: Herde.

Eder war ein Sohn des Beria (1 Chronik 8,15).

Edom   hebräisch. Bedeutung: der Rote.

Im Alten Testament erhielt Esau den Namen Edom
deshalb, weil er sein Geburtsrecht gegen eine Portion
rotes Linsengemüse tauschte (Genesis 25,30).

Efraim, Ephraim   hebräisch. Bedeutung: der doppelt Fruchtbare.

Ephraim ist der zweite Sohn Josefs und ein Urvater eines
der zwölf Stämme Israels (Genesis 48,1).

Ehud   hebräisch. Bedeutung: vereint.

Ehud tötete im Alten Testament den Moabiterkönig Eglon
und befreite damit die Stadt Jericho von der Herrschaft
der Moabiter (Richter 3,12–31).

Elam   hebräisch. Bedeutung: unklar, eventuell »versteckt«.

Elam war ein Sohn des Sem und damit ein Enkel Noachs
(Genesis 10,22). In 1 Chronik 8,24, Esra 2,31 und Nehemia
10,15 werden weitere Personen mit diesem Namen
erwähnt.

Eldad   hebräisch. Bedeutung: Gott hat geliebt.

Im Alten Testament war Eldad einer der zwei Ältesten, die
im Lager der Israeliten in prophetische Verzückung
gerieten und weissagten (Numeri 11,26).

Eleasar, Eleazar, Elieser, Eliezer   hebräisch. Bedeutung: wem
Gott Hilfe ist.

Eleasar war ein Sohn des Aaron (Exodus 28,1). Seine
Brüder Nadab und Abihu waren gestorben, nachdem sie
Gott ein unrechtmäßiges Feueropfer dargebracht hatten.
Daraufhin übernahmen die beiden überlebenden Brüder
Eleasar und Itamar das Priesteramt (Numeri 3,4).

Eli   hebräisch. Bedeutung: Aufstieg, Himmelfahrt.
Eli war der Hohepriester Israels und der Lehrer des
Samuel (1 Samuel 1,1–3,21).

Elias, Elia   Nebenform zu ➜ Elija.

Elie   französische Form von ➜ Elija.

Elienai   hebräisch. Bedeutung: Meine Augen blicken zu Gott.
Ein Mann mit diesem Namen wird in 1 Chronik 8,20
erwähnt.

Elieser, Eliezer   Nebenformen zu ➜ Eleasar.

Elifelet, Eliphelet, Eliphalet   hebräisch. Bedeutung: Gott ist
Erlösung.
Im Alten Testament treten mehrere Personen namens
Elifelet auf, darunter ein Sohn Davids (2 Samuel 5,16).

Elihu   hebräisch. Bedeutung: Mein Gott ist Jahwe.
Elihu ist der Name mehrerer Personen im Alten Testament,
darunter ein Gefährte des David (1 Chronik 12,22) und ein
Weisheitslehrer und Freund des Ijob (Ijob 32,1–37,24).

Elija, Elias, Elia   biblisch, hebräischer Herkunft. Bedeutung:
Mein Gott ist Jahwe. Internationale Varianten: Elie
(französisch), Eliot, Elliot (englisch), Ellis (englisch), Elis
(schwedisch).
Elija ist ein Prophet, der gegen den Baalskult kämpfte und
Jahwe als wahren Gott im Bewusstsein der Menschen
verankern wollte. Um ihn ranken sich zahlreiche
Legenden. So soll er auf dem Berg Karmel 450 Propheten
Baals besiegt und dadurch eine lang andauernde Dürre
beendet haben (1 Könige 18,1–46). Auf dem Berg Horeb
hatte Elija eine Gottesbegegnung (1 Könige 19,11–13),
weshalb man ihn später als neuen Mose sah. Am Ende
seines Lebens wird er auf einem feurigen Wagen gen
Himmel entrückt (2 Könige 2,1–18).

Eliot   englische Form von ➜ Elija.

Eliphelet, Eliphalet   Nebenformen zu → Elifelet.

Elis   schwedische Form von →Elija.

Elisa, Elisäus   Nebenformen zu → Elischa.

Elischa, Elisäus, Elisa   hebräisch. Bedeutung: Gott hat geholfen.
Elischa war ein Prophet (1 Könige 19,19–21, 2 Könige 2,19–25) und der Nachfolger des Elija. Auch dessen Kampf gegen den Baalskult setzte er fort.

Eliud   griechische Form eines hebräischen Namens. Bedeutung: Gott ist Größe, Erhabenheit.
Im Evangelium des Matthäus wird Eliud als ein Vorfahre Jesu erwähnt (Matthäus 1,14).

Eljakim   hebräisch. Bedeutung: Gott erhebt sich.
Eljakim war der Palastvorsteher des Hiskija, eines Königs von Juda (2 Könige 18,18).

Elkana   hebräisch. Bedeutung: Gott hat erworben.
Elkana war der Vater des Samuel (1 Samuel 1,1).

Elliot, Ellis   englische Formen von → Elija.

Elnatan   hebräisch. Bedeutung: Gott hat gegeben.
Elnatan war ein Sohn des Achbor (Jeremia 36,12).

Elon   hebräisch. Bedeutung: Eiche.
Elon war einer der Richter der Israeliten im Alten Testament (Richter 12,8–15).

Emanuel, Emmanuel   Nebenformen zu → Immanuel.

Enosch, Enos   hebräisch. Bedeutung: Mensch.
Enosch war der Sohn des Set und ein Enkel Adams (Genesis 4,26).

Enrico   italienische Form von → Heinrich.

Ephraim   Nebenform zu → Efraim.

Eran   hebräisch. Bedeutung: der Wachsame.
Eran war ein Enkel des Ephraim und gehörte zur Sippe der Eraniter (Numeri 26,36).

Erastus   lateinische Form des griechischen Namens Erastos. Bedeutung: der Geliebte.

Erastus war ein Mitarbeiter des Apostels Paulus (Apostelgeschichte 19,22) und wurde von diesem nach Mazedonien gesandt.

Esau   hebräisch. Bedeutung unklar, eventuell »der Haarige, Behaarte«.

Esau war der ältere der Zwillingssöhne von Isaak und Rebekka. Er verkaufte sein Erstgeborenenrecht für eine Schüssel Linsengemüse an seinen Zwillingsbruder Jakob (Genesis 25,27–34). Außerdem war Esau der Stammvater der Edomiten.

Esra, Ezra   hebräisch. Bedeutung: Hilfe.

Esra war ein Schriftgelehrter, von dem das gleichnamige Buch in der Bibel handelt. Als Bevollmächtigter des persischen Königs Artaxerxes ging er nach Jerusalem und reformierte die dortige Gemeinde, indem er dem Gesetz Moses wieder seine ursprüngliche Geltung verschaffte.

Etan   hebräisch. Bedeutung: Stärke. Internationale Varianten: Ethan (englisch).

Etan war ein Weiser im Alten Testament (1 Könige 5,11).

Ethan   englische Form von → Etan.

Ezechiel, Hesekiel   hebräisch. Bedeutung: Gott stärkt.

Ezechiel ist ein wichtiger Prophet im Alten Testament und Verfasser des Buches Ezechiel. Er lebte in Jerusalem bis zur Eroberung durch die Babylonier und wurde dann nach Babylon gebracht.

Ezer, Ezar   hebräisch. Bedeutung: Hilfe.

Im Alten Testament treten mehrere Personen namens Ezer auf, darunter ein Sohn des Seir (1 Chronik 1,38) und ein Häuptling der Horiter (Genesis 36,21).

Ezra   Nebenform zu → Esra.

F

Fabian, Fabianus lateinisch. Bedeutung: der aus dem Geschlecht der Fabier Stammende. Internationale Varianten: Fabien (französisch), Fabiano (italienisch). Fabianus († 250) war ein Papst, der viel zur Organisation der noch jungen Kirche beitrug, unter anderem indem er Rom in sieben Seelsorgebezirke unter sieben Diakonen einteilte. Doch unter Kaiser Decius setzte eine schreckliche Christenverfolgung ein, der auch Fabianus zum Opfer fiel.

Fabiano italienische Form von → Fabian.

Fabien französische Form von → Fabian.

Felipe spanische Form von → Philippus.

Ferenc ungarische Form von → Franz.

Filip slawische Form von → Philippus.

Filippo italienische Form von → Philippus.

Florian lateinisch. Bedeutung: der Blühende. Florian ist einer der bekanntesten Heiligen und außerdem als Schutzpatron der Feuerwehr bekannt, da er als Kind angeblich ein brennendes Haus mit einem Eimer Wasser rettete. Er lebte im 3. Jahrhundert als ein römischer Offizier und Verwaltungsbeamter. Niemand wusste, dass er Christ war. Zur Zeit der Christenverfolgung unter Diokletian wurde er jedoch dabei ertappt, als er einigen Christen zur Flucht aus dem Gefängnis verhalf. So wurde er eingekerkert, um seinem Glauben abzuschwören. Da er sich weigerte, band man ihm einen Mühlstein um den Hals und warf ihn in den Fluss Enns.

Francesco italienische Form von → Franz.

Francis englische Form von → Franz.

Francisco   spanische Form von ➤ Franz.

François   französische Form von ➤ Franz.

Franek   polnische Form von ➤ Franz.

Franz, Franziskus   lateinisch. Bedeutung: der kleine Franzose. Internationale Varianten: Ferenc (ungarisch), Francesco (italienisch), François (französisch), Francis (englisch), Francisco (spanisch), Franek (polnisch).
Einer der berühmtesten Heiligen der Kirchengeschichte ist Franz von Assisi (1181–1226), der Gründer des Franziskanerordens. Im italienischen Assisi als Kind reicher Eltern geboren, führte er zunächst ein weltliches Leben. In einer Schlacht zwischen Perugia und Assisi wurde er gefangen genommen und für ein Jahr hinter Schloss und Riegel gebracht. Was er zum Anlass nahm, sein Leben grundlegend zu ändern. Von da an nämlich zog er als Bettelmönch durch die Lande. Schon bald schlossen sich ihm Gefährten an, mit denen zusammen er den Bettelorden der Minderen Brüder gründete, der später als Franziskanerorden bekannt wurde.

G

Gabriel   hebräisch. Bedeutung: Mann Gottes, Kraft Gottes. Internationale Varianten: Gabriele (italienisch).
Gabriel ist ein Engel, der im Alten Testament die Visionen des Propheten Daniel deutet (Daniel 8,16 und 9,21). Im Neuen Testament (Lukas 1,26–29) verkündet er die Geburt Johannes des Täufers, später auch die Geburt Jesu.

Gabriele   italienische Form von ➤ Gabriel.

Gad   hebräisch. Bedeutung: Glück.

Gad war der erste Sohn Jakobs mit Leas Magd Silpa. Er gilt als einer der Stammväter der zwölf Stämme Israels (Genesis 35,26). Ein weiterer Gad war ein Prophet des Königs David (1 Samuel 22,5).

Gamaliel   hebräisch. Bedeutung: Lohn Gottes.
Gamaliel war ein Pharisäer und ein angesehener Gesetzeslehrer, welcher außerdem den Apostel Paulus unterrichtete (Apostelgeschichte 5,34).

Gaspard   französische Form von ➙ Kaspar.

Gaspare, Gasparo   italienische Form von ➙ Kaspar.

Gedalja   hebräisch. Bedeutung: Jahwe ist groß.
Im Alten Testament treten mehrere Personen mit Namen Gedalja auf, darunter der Statthalter von Juda, der von Nebukadnezzar eingesetzt wurde (2 Könige 25,22). In 1 Chronik 25,3 wird ein weiterer Gedalja als Sohn des Jedutun erwähnt.

Gedeon   russische Form von ➙ Gideon.

Gemarja   hebräisch. Bedeutung: Jahwe hat erreicht.
Gemarja war ein Freund des Propheten Jeremia und der Sohn des Hilkija (Jeremia 29,3).

Genrich   russische Form von ➙ Heinrich.

Georg   griechisch. Bedeutung: Ackermann, Bauer. Kurzformen: Jörg, Jürgen, Schorsch. Internationale Varianten: George (englisch), Georges (französisch), Georgius, Joris (niederländisch), Göran, Jöran (schwedisch), Jorge (spanisch, portugiesisch), Georgio, Giorgio (italienisch), Jerzy (polnisch), Jurij (russisch), Jiři (tschechisch), Jurek (slawisch), György (ungarisch).
Der Märtyrer Georg von Kappadokien (✝ um 303) ist der Schutzheilige Englands, doch auch in anderen Ländern ist der »Drachentöter« kein Unbekannter. Über sein Leben ist allerdings nur wenig überliefert. Er stammte aus Kappa-

dokien in der heutigen Türkei und soll nach seiner
Bekehrung zum Christentum ein grausames Martyrium
erlitten haben. Am bekanntesten ist die Legende vom
Drachenkampf: In Libyen hauste ein Drache, dem täglich
eine Jungfrau geopfert werden musste. Schließlich fiel das
Los auf die Königstochter, und sie wartete im Gebet auf
ihren Tod. Da erschien Georg, verletzte den Drachen und
schleifte ihn in die Stadt. Er versprach, den Drachen zu
töten, wenn sich das Volk taufen ließe. 15 000 Menschen
folgten daraufhin seinem Aufruf, und Georg löste sein
Versprechen ein.

George englische Form von ➙ Georg.

Georges französische Form von ➙ Georg.

Georgio italienische Form von ➙ Georg.

Georgius niederländische Form von ➙ Georg.

Gera hebräisch. Bedeutung: eventuell »Korn«.
Gera war ein Sohn des Benjamin (Genesis 46,21).
In 1 Chronik 8,3 wird ein weiterer Gera erwähnt.

Gerschom, Gerschon hebräisch. Bedeutung: eventuell »Exil,
Verbannung«.
Gerschom war ein Sohn des Mose (Exodus 2,22);
Gerschon ein Sohn des Levi (Genesis 46,11).

Giacomo italienische Form von ➙ Jakob.

Gian, Gianni, Giovanni italienische Formen von
➙ Johannes.

Gideon hebräisch. Bedeutung: Baumfäller, Krieger,
Zertrümmerer. Internationale Varianten: Gedeon
(russisch).
Gideon war der fünfte Richter von Israel (Richter, 6–8)
und kämpfte schon als junger Mann für den Glauben an
den wahren Gott. Später besiegte er das Heer der Midia-
niter und wurde zum König über das Gebiet um die Stadt

Ofra ausgerufen. Dies machte ihn zum ersten Israeliten, der König genannt wurde. Der Legende nach soll er 40 Jahre lang friedlich geherrscht und 70 Kinder gezeugt haben.

Gilead   hebräisch. Bedeutung: Berg des Zeugnisses.
Gilead war eine Gebirgsregion östlich des Flusses Jordan (Genesis 31,21).

Giorgio   italienische Form von → Georg.

Giuseppe   italienische Form von → Josef.

Göran   schwedische Form von → Georg.

Goliat, Goliath   hebräisch. Bedeutung: Verbannung, Exil.
Goliat war ein riesiger Philister und wurde von König David getötet (1 Samuel 17,1–58).

Gomer   hebräisch. Bedeutung: der Vollständige. Auch weiblicher Vorname.
Gomer war ein Sohn des Jafet und ein Enkel von Noach (Genesis 10,2).

Gregoor   niederländische Form von → Gregor.

Gregoire   französische Form von → Gregor.

Gregor   griechisch. Bedeutung: der Wachsame. Internationale Varianten: Gregory (englisch), Gregoire (französisch), Gregoor, Joris (niederländisch), Gregorio (spanisch, italienisch), Grigorij, Grischa (russisch).
Eine bedeutende Figur der Kirchengeschichte ist der Papst und Kirchenvater Gregor I. der Große (um 540–604). Er gilt als idealer Papst: Ihm gelang es nicht nur, das Christentum weiter zu verbreiten, sondern er unterstützte auch die kirchliche Armenpflege und beeinflusste zudem mit seinen zahlreichen Schriften das gesamte Mittelalter.
Ein weiterer berühmter Papst war Gregor VII. (um 1020–1085), der vor allem durch seinen Investiturstreit

mit dem deutschen König Heinrich IV. bekannt ist. Auslöser für diesen Streit war, dass Gregor den deutschen Königen das Recht nahm, Bischöfe einzusetzen – nur die Kirche sollte dies in Zukunft tun können. Noch heute ein geflügeltes Wort ist der »Gang nach Canossa«, den Gregor Heinrich als Buße auferlegte.

Gregory   englische Form von ➞ Gregor.

György   ungarische Form von ➞ Georg.

H

Habakuk   hebräisch. Bedeutung: Umarmung.
Habakuk war ein Prophet und Verfasser des gleichnamigen Buches im Alten Testament. Es besteht aus zwei Klagen des Propheten und den jeweiligen göttlichen Antworten darauf. Es folgen fünf Weherufe, am Ende des Buches steht das Gebet des Habakuk.

Haggai   hebräisch. Bedeutung: festlich.
Haggai war ein Prophet im Alten Testament und Verfasser des gleichnamigen Buches. Dieses besteht aus fünf prophetischen Reden des Haggai, in denen es um den Wiederaufbau des Tempels von Jerusalem geht.

Ham   hebräisch. Bedeutung: heiß, warm.
Ham war (neben Sem und Jafet) einer der drei Söhne Noachs und der Stammvater der Ägypter und der Kanaaniten (Genesis 5,32).

Hanan   hebräisch. Bedeutung: gnädig, gütig.
Im Alten Testament treten mehrere Personen mit dem Namen Hanan auf, darunter in 1 Chronik 8,23, 1 Chronik 9,44 und 1 Chronik 11,43.

Hananias   griechische Form des hebräischen Vornamens Hananiah. Bedeutung: Jahwe ist gnädig, gütig. Kurzform: Hannas.

In der Apostelgeschichte treten drei Figuren mit diesem Namen auf: der Ehemann der Saphira (5,1–5), ein Apostel in Damaskus (9,10–13) sowie der Hohepriester der Juden (14,1), welche den Apostel Paulus anklagten.

Hannas   Kurzform zu → Hananias.

Hannas war einer der Hohepriester, die Jesus verhörten, bevor er zum Tode verurteilt wurde (Johannes 18,12–27).

Harry   englische Form von → Heinrich.

Hasael   hebräisch. Bedeutung: Gott sieht.

Hasael war ein König von Aram (1 Könige 19,15, 2 Könige 8,8–9,15).

Heiko   Kurzform zu → Heinrich.

Hein, Heiner, Heini, Heinke, Heino   Kurzformen zu → Heinrich.

Heinrich   althochdeutsch. Bedeutung: reicher, mächtiger Hof. Kurzformen: Hein, Heiner, Heini, Heinke, Heinz, Hinrich, Henning, Heiko, Heino. Internationale Varianten: Henry, Harry (englisch), Henri (französisch), Enrico (italienisch), Hendrik (niederländisch, dänisch), Henrik (schwedisch, norwegisch), Henryk (polnisch), Jindřich (tschechisch), Genrich (russisch).

Der deutsche Kaiser Heinrich II. (973–1024) stellte das Heilige Römische Reich wieder her, engagierte sich stark in der Kirchenpolitik und gründete das Bistum Bamberg. 1146 wurde er heilig gesprochen. Seine Ehefrau Kunigunde (um 980–1033/1039) zog sich nach seinem Tod in das von ihr gestiftete Benediktinerinnenkloster Kaufungen zurück und lebte dort bis zu ihrem Tod als Nonne. Die Ehe, angeblich eine »Josefsehe«, war kinderlos geblieben.

Heinz   Kurzform zu ➙ Heinrich.

Hendrik   niederländische und dänische Form von
➙ Heinrich.

Henoch   hebräisch. Bedeutung: der Hingebungsvolle,
Fleißige.
Im Alten Testament treten mehrere Personen mit dem
Namen Henoch auf. Einer war der Sohn des Kain (Genesis
4,17), ein anderer der Sohn des Midian (Genesis 25,4)
sowie ein Sohn von Ruben (Exodus 6,14).

Henning   Kurzform zu ➙ Heinrich.

Henri   französische Form von ➙ Heinrich.

Henrik   schwedische und norwegische Form von
➙ Heinrich.

Henry   englische Form von ➙ Heinrich.

Henryk   polnische Form von ➙ Heinrich.

Herodes   griechisch. Bedeutung: Lied des Helden.
Herodes war der Name mehrerer Regenten von Judäa,
als dieses zum Römischen Reich gehörte. Der bekannteste
ist sicherlich Herodes der Große, der im Neuen Testament
die Ermordung der neugeborenen Kinder anordnete
(Matthäus 2,1–19).

Hesekiel   Nebenform zu ➙ Ezechiel.

Hillel   hebräisch. Bedeutung: Lob.
Hillel war der Vater des Richters Abdon (Richter 12,13).

Hinrich   Kurzform zu ➙ Heinrich.

Hiob   Nebenform zu ➙ Ijob.

Hira   hebräisch. Bedeutung: Pracht.
Hira war ein Freund des Juda im Alten Testament
(Genesis 38,12).

Hiram   hebräisch. Bedeutung: eventuell »der Erhöhte«.
Hiram war ein König von Tyrus und ein Freund des
Königs David (1 Könige 15,15).

Hiskija   hebräisch. Bedeutung: Gott stärkt.
Hiskija war ein König von Juda und ein Vorfahre des
Propheten Zefanja (2 Könige 18,1–12).

Hosea, Hoschea, Oschea   hebräisch. Bedeutung: Der Herr ist
Hilfe oder Rettung.
Hosea ist ein Prophet, nach dem das gleichnamige Buch im
Alten Testament benannt wurde. Er wandte sich gegen den
Götzendienst und die politischen und sozialen Missstände.

I

Ian   schottische Form von ➙ Johannes.

Ijob, Hiob, Job   hebräisch. Bedeutung: der Angefeindete, wo
ist Gott?
Ijob ist die Hauptfigur des gleichnamigen Buches im
Alten Testament. Er wird wiederholt von Gott geprüft,
hält jedoch stets an ihm fest.

Ikabod   hebräisch. Bedeutung: kein Ruhm.
Ikabod war der Enkel des Eli und der Sohn des Pinhas
(1 Samuel 4,21).

Immanuel, Emanuel, Emmanuel   hebräisch. Bedeutung: Gott
ist mit uns. Kurzform: Mendel.
Immanuel lautete der Name des messianischen Königs, der
nach einer Weissagung des Propheten Jesaja das Volk Israel
erlösen würde (Jesaja 7,1–25). Später wurde diese Weissagung auf die Geburt Jesu durch eine Jungfrau bezogen.

Ioannis   neugriechische Form von ➙ Johannes.

Ira   hebräisch. Bedeutung: der Wachsame. Auch weiblicher
Vorname.
Ira war der Priester des Königs David (2 Samuel 20,26).

Isaak   hebräisch. Bedeutung: Er (Gott) wird lachen.
Isaak war der Sohn von Abraham und Sara und einer der
Erzväter Israels. Bekannt ist die Geschichte, als Gott
Abraham auf die Probe stellte und von ihm forderte,
seinen eigenen Sohn zu opfern. Im letzten Moment ließ
Gott einen Widder im Gestrüpp erscheinen und beendete
so die Prüfung (Genesis 22,1–19). Später heiratet Isaak
Rebekka und zeugt mit ihr die Söhne Jakob und Esau
(Genesis 25,21).

Isaias   Nebenform zu → Jesaja.

Ismael   hebräisch. Bedeutung: Gott hört oder erhört.
Ismael war der Sohn Abrahams und der ägyptischen
Sklavin Hagar und somit ein Halbbruder Isaaks (Genesis
16,15 und 219,21). Da sich Hagar nach der Geburt ihres
Sohnes anmaßend gegenüber Abrahams Frau Sara
verhalten hatte, jagte diese sie aus dem Haus. Später
wurde Ismael Stammvater der zwölf Stämme der Ismae-
liten.

Israel   hebräisch. Bedeutung: Fechter Gottes.
Israel hieß früher Jakob (Genesis 32,28) und kämpfte mit
einem Engel. Nach ihm benannten sich das Volk Israel
und der heutige Staat Israel.

Issachar   hebräisch. Bedeutung: Lohn.
Issachar war einer der zwölf Söhne Jakobs und einer der
Stammväter Israels (Genesis 30,18).

Itamar   hebräisch. Bedeutung: Palmeninsel.
Itamar war ein Sohn des Aaron (Exodus 6,23).

J

Jaala hebräisch. Bedeutung: wilde Ziege.
Jaala war ein Knecht des Salomo (Esra 2,56).

Jaap niederländische Form von ➙ Jakob.

Jaasija hebräisch. Bedeutung: Sie werden es tun.
Ein Jaasija wird in 1 Chronik 24,26 erwähnt.

Jabez hebräisch. Bedeutung: Sorge, Leid, Beschwerde.
Jabez gehörte dem Stamm Juda an und wurde von Gott
gesegnet (1 Chronik 4,9–10).

Jabin hebräisch. Bedeutung: aufmerksam, einfühlsam.
Im Alten Testament werden zwei Könige erwähnt,
die den Namen Jabin tragen. Einer war König von
Hazor (Josua 11,1), der andere König von Kanaan
(Richter 4,24).

Jachin hebräisch. Bedeutung: Er (Jahwe) errichtet.
Jachin war ein Sohn des Simeon (Genesis 46,10).

Jachleel hebräisch. Bedeutung: Gott wartet.
Jachleel war ein Sohn des Sebulon und damit ein Enkel
des Jakob (Genesis 46,14).

Jachzeel hebräisch. Bedeutung: Jahwe teilt zu.
Jachzeel war ein Sohn des Naftali und damit ein Enkel
Jakobs (1 Chronik 7,13).

Jacob Nebenform zu ➙ Jakob.

Jacques französische Form von ➙ Jakob.

Jada hebräisch. Bedeutung: Er weiß.
Jada war ein Sohn des Onam (1 Chronik 2,28).

Jadon hebräisch. Bedeutung unklar, eventuell »dankbar«
oder »er wird richten«.
In Nehemia 3,7 wird ein Jadon erwähnt, der beim Wiederaufbau der Mauern von Jerusalem mithilft.

Jafet hebräisch. Bedeutung: vergrößert.

Jafet war einer der Söhne Noachs und der Stammvater der europäischen und nordasiatischen Völker (Genesis 5,32).

Jago spanische Form von ➟ Jakob.

Jaime spanische Form von ➟ Jakob.

Jair hebräisch. Bedeutung: Er glänzt, strahlt.

Im Alten Testament treten zwei Figuren mit dem Namen Jair auf: Der eine war ein Sohn des Manasse (Numeri 32,41), der andere ein Mann aus Gilead, der 22 Jahre lang Richter über Israel war (Richter 10,3).

Jairus latinisierte Form von ➟ Jair.

Jairus war der Vater eines Mädchens, das von Jesus von den Toten auferweckt wurde (Markus 5,21–43).

Jakob, Jacob hebräisch. Bedeutung: »Er möge schützen«, aber auch »Er betrügt«. Internationale Varianten: Giacomo (italienisch), Jaap (niederländisch), Seamus (irisch), Jabbo (friesisch), Jacques (französisch), Jago (spanisch), Jaime (spanisch), Jascha (russisch).

In der Bibel finden sich gleich drei bedeutende Figuren, die den Namen Jakob tragen. Zum einen ist Jakob der Sohn des Isaak und der eigentliche Stammvater der Israeliten. Die Übersetzung seines Namens mit »er betrügt« deutet auf die Geschichte hin, als Jakob seinen (älteren) Zwillingsbruder Esau durch List um seinen Status als Erstgeborener und damit um den väterlichen Segen bringt (Genesis 25,27–34). Allerdings erfüllt er damit Gottes Vorsehung. Im Neuen Testament gibt es zwei Apostel mit dem Namen Jakobus: Zum einen ist da Jakobus der Ältere, der Sohn des Zebedäus (Matthäus 4,21), der zu den erstberufenen Jüngern gehört. Zum anderen gibt es einen weiteren Apostel namens Jakobus, den Sohn des Alphäus (Matthäus 10,3).

Jamin hebräisch. Bedeutung: rechte Hand.

Jamin war ein Sohn des Simeon und damit ein Enkel Jakobs (Genesis 46,10).

Jan niederländische, polnische, skandinavische und tschechische Form von ➜ Johannes.

Janek polnische Form von ➜ Johannes.

Janne niederdeutsche Form von ➜ Johannes.

Janos ungarische Form von ➜ Johannes.

Janosch Nebenform zu ➜ Johannes.

Janusz polnische Form von ➜ Johannes.

Jascha russische Form von ➜ Jakob.

Jason griechisch. Bedeutung: der Heilende.

In der Bibel finden sich mehrere Personen, die den Namen Jason tragen. Jason von Zyrene ist der Autor eines Geschichtswerks, das dem Verfasser des zweiten Buchs der Makkabäer als Vorlage gedient hat (2 Makkabäer 2,23). Ein weiterer Jason ist der Bruder des Hohepriesters Onias III., der das Hohepriesteramt kaufte und die Juden hellenisieren wollte (2 Makkabäer 4,7–26 und 5,5–10). Im Neuen Testament gibt es in Tessalonich einen Christen namens Jason. Er beherbergt den Apostel Paulus (Apostelgeschichte 17,5–9). Ein weiterer Träger des Namens Jason ist ein Christ aus Korinth (Römer 16,21).

Jawan hebräisch. Bedeutung: Griechenland.

Jawan war ein Sohn des Jafet und damit ein Enkel Noachs (Genesis 10,2).

Jean französische Form von ➜ Johannes.

Jedidja hebräisch. Bedeutung: Liebling des Herrn.

Diesen Namen gab der Prophet Natan dem Salomo (2 Samuel 12,25).

Jehiel hebräisch. Bedeutung: Gott lebt.

In der Bibel treten mehrere Personen mit dem Namen

Jehiel auf: Einer war ein Harfenspieler in 1 Chronik 16,5, ein weiterer ein Sohn des Ladan (1 Chronik 23,8). Auch Söhne von Hachmoni (1 Chronik 27,32) und Joschafat (2 Chronik 21,2) trugen den Namen Jehiel.

Jehoasch   Nebenform zu ➞ Joasch.

Jehu   hebräisch. Bedeutung: Jahwe ist er.
Jehu war der Sohn des Hanani, ein Prophet und König von Israel (1 Könige 16,7).

Jehudi   hebräisch. Bedeutung: Jude.
Jehudi war ein Diener des Königs Jojakim (Jeremia 26,31).

Jeremia, Jeremias   hebräisch. Bedeutung: den Gott erhöht.
Internationale Varianten: Jeremy (englisch).
Jeremia ist der zweite der vier großen Propheten im Alten Testament. Unter anderem weissagt er den Untergang Israels und die Eroberung Jerusalems durch die Babylonier. Als Grund hierfür führt er das mangelnde Gottesvertrauen der Israeliten an. Berühmt geworden ist vor allem seine Berufungsgeschichte (Jeremia, 1,4–10)

Jeremy   englische Form von ➞ Jeremia.

Jericho   Name einer Stadt in Israel.

Jerzy   polnische Form von ➞ Georg.

Jesaja, Isaias   hebräisch. Bedeutung: Heil Gottes.
Jesaja ist ein berühmter Prophet des Alten Testamentes. Ursprünglich wurde er als Ratgeber zu König Usija berufen. Auch unter dessen Nachfolgern Jotam, Ahas und Hiskija wirkte er noch. Letzterem prophezeite er, dass das Königreich Juda nur gerettet werden könne, wenn sich der König und seine Untertanen zu dem einzigen Gott bekennen würden. Berühmt ist auch seine Berufungsgeschichte (Jesaja 6,6–8).

Jesus   griechisch-lateinische Form des hebräischen Namens Jehoschua. Bedeutung: Gott ist Rettung, Hilfe, Erlösung.

Jesus Christus (Christus = der Gesalbte) ist die zentrale Figur des Neuen Testamentes und des christlichen Glaubens. Seine Lebensgeschichte wird in den vier Evangelien Matthäus, Markus, Lukas und Johannes erzählt, allerdings mit unterschiedlichen Schwerpunkten. Geboren wurde er in Bethlehem in Judäa, zur Zeit der Herrschaft von Herodes dem Großen († 4 v. Chr.). Neueste Forschungen legen sein Geburtsjahr auf 12 v. Chr. fest, sein Todesjahr dürfte zwischen 30 und 35 n. Chr. liegen. Seine Mutter war Maria, die Frau des Zimmermanns Josef. Ihr erschien eines Tages der Erzengel Gabriel und kündigte ihr an, dass sie einen Sohn vom Heiligen Geist empfangen werde. Da zu dieser Zeit eine Volkszählung im römischen Reich durchgeführt wurde, begab sich Josef mit der schwangeren Maria in seine Heimatstadt Bethlehem, wo Jesus in einem Stall geboren wurde (Lukas 2,1–20). Über seine Jugend gibt es nur wenige Berichte. Nach seiner Taufe durch Johannes den Täufer (Markus 1,9–11) zog Jesus als Wanderprediger durch Galiläa und fand bei dieser Tätigkeit ein großes Publikum. Er wählte zwölf Jünger oder Apostel um sich, die in ihm den Messias oder Erlöser erkannten und nach seinem Tode seine Botschaft weiter verbreiteten. Jesus predigte bevorzugt in Gleichnissen, kurzen moralischen Erzählungen, die auch heute noch allgemein bekannt sind, wie zum Beispiel das Gleichnis vom verlorenen Sohn (Lukas 15,11–32) oder das Gleichnis vom barmherzigen Samariter (Lukas 10,25–37). Er rüttelte an bestehenden Konventionen, indem er Umgang mit Aussätzigen oder Huren pflegte, und Gewaltlosigkeit predigte. Seine zentrale Botschaft ist in der Bergpredigt (Matthäus 5,1–7,29) zu finden: Hier steht auch das Vaterunser

(Matthäus 6,5–15). Zudem bewirkte Jesus zahlreiche Wunder, heilte Kranke oder erweckte Verstorbene wieder zum Leben. Der letzte Abschnitt seines Lebens, die sogenannte Passion, spielte sich in Jerusalem ab. Bei einem letzten gemeinsamen Mahl, dem Abendmahl, versuchte er, seine Jünger auf ein Leben ohne ihn vorzubereiten und bekräftigte noch einmal den Bund, der zwischen ihnen bestand (Matthäus 26,20–29). Der Apostel Judas Iskariot ging schließlich zu den Hohepriestern und verriet Jesus durch einen Kuss im Garten Getsemani. Jesus wurde gefangen genommen, von den Hohepriestern Hannas und Kajaphas verhört und vom römischen Statthalter Pontius Pilatus zum Tode durch Kreuzigung verurteilt (Matthäus 26,1–27,56). Bestattet wurde er in einem Felsengrab, jedoch, als zwei Tage später die Frauen seinen Leichnam einbalsamieren wollten, fanden sie das Grab leer vor. Wenig später begegneten sie Jesus, der von den Toten auferstanden war. Auch seinen Jüngern zeigte er sich und bat sie, seine Botschaft weiterzuverbreiten (Matthäus 28,16–20).

Jethro   englische Form von → Jitro.

Jiftach   hebräisch. Bedeutung: er öffnet.
Jiftach war der Name eines Richters, welcher das Volk Israel gegen die Ammoniter verteidigte (Richter 10,17).

Jindřich   tschechische Form von → Heinrich.

Jiři   tschechische Form von → Georg.

Jitro, Jetro   hebräisch. Bedeutung: Überfluss. Internationale Varianten: Jethro (englisch).
Jitro war der Schwiegervater des Mose und der Priester von Midian (Exodus 3,1). Er tritt in der Bibel auch unter den Namen Reguel (Exodus 2,18) und Hobab (Richter 4,11) auf.

Joab hebräisch. Bedeutung: Jahwe ist der Vater.
Joab war der Befehlshaber des Heeres von König David.
Nachdem König Salomo an die Macht kam, wurde er
hingerichtet (1 Könige 11,21 und 1 Chronik 2,16).

Joachim hebräisch. Bedeutung: Gott richtet auf. Kurzform:
Achim. Internationale Varianten: Joakim (skandinavisch),
Joaquin (spanisch).
Nach den neutestamentlichen apokryphen Schriften
war Joachim der Mann von Anna, der Mutter Marias.

Joakim skandinavische Form von → Joachim.

Joaquin spanische Form von → Joachim.

Joasch, Jehoasch hebräisch. Bedeutung: »Feuer des Jahwe«
oder »Jahwe hat gegeben«.
Im Alten Testament treten zwei Figuren mit diesem
Namen auf, der Vater des Gideon (Richter 6,29) und ein
König von Juda (2 Könige 12,1–22).

Job Nebenform zu → Ijob.

Joel, Joël hebräisch. Bedeutung: Jahwe ist Gott.
Joel ist einer der Propheten des Alten Testaments und die
Hauptfigur des gleichnamigen Buches. Er interpretierte
eine Dürre und eine nachfolgende Heuschreckenplage als
Vorboten des Jüngsten Gerichts und erneuerte damit die
Weissagungen älterer Propheten.

Jöran schwedische Form von → Georg.

Jörg Kurzform zu → Georg.

Johan nordische und friesische Form von → Johannes.

Johann Nebenform zu → Johannes.

Johannes hebräisch. Bedeutung: der Herr ist gnädig, gütig.
Nebenformen: Johann, Janosch. Internationale Varianten:
Gian, Gianni, Giovanni (italienisch), John (englisch), Ian
(schottisch), Sean (irisch), Jean (französisch), Juan
(spanisch), Yannis (griechisch), Ioannis (neugriechisch),

Jan (niederländisch, skandinavisch, tschechisch, polnisch), Janek (polnisch), Janne (niederdeutsch), János (ungarisch), Janusz (polnisch), Johan (nordisch, friesisch). In der Bibel finden sich zwei bedeutende Figuren, die den Namen Johannes tragen. Johannes der Täufer, der Sohn der Elisabeth und des Zacharias, wird etwa ein halbes Jahr vor Jesus geboren, nachdem der Erzengel Gabriel seiner Mutter seine Geburt prophezeit hat. Er ist Bußprediger und verkündet das Herannahen des Reiches Gottes. Als Symbol für ihre Rettung tauft er seine Anhänger mit dem Wasser des Flusses Jordan, an dessen Ufern er lebt. Eine wichtige Szene im Neuen Testament ist seine Begegnung mit Jesus (Markus 1,9–11). Später wird Johannes der Täufer von König Herodes gefangen genommen und ermordet. Außerdem gibt es auch noch den Apostel und Evangelisten Johannes.

John   englische Form von ➜ Johannes.

Jojachin   hebräisch. Bedeutung: von Jahwe eingesetzt. Jojachin war ein König von Juda, der vom babylonischen König Nebukadnezzar gefangen genommen und in Babylon eingesperrt wurde (2 Könige 24,8–17).

Jojakim   hebräisch. Bedeutung: von Jahwe aufgezogen. Jojakim war ein König von Juda und der Vater des Jojachin (2 Könige 24,6).

Joktan   hebräisch. Bedeutung: klein. Joktan war ein Sohn des Eber (Genesis 10,25).

Jona, Jonas   hebräisch. Bedeutung: Taube. Internationale Varianten: Jonah (englisch). Jona ist ein Prophet im Norden Israels. Bekannt ist die Geschichte, in der ihn ein großer Fisch (Walfisch) vor dem Ertrinken rettet, indem er ihn verschlingt und dann ans Land speit (Jona 2,1–11).

Jonah   englische Form von ➞ Jona.

Jonatan, Jonathan   hebräisch. Bedeutung: Gott hat gegeben, Gottesgabe.

Jonatan ist der älteste Sohn des Königs Saul und ein Freund des späteren Königs David. Diesen rettet er vor der Verfolgung durch den Vater, fällt später jedoch im Kampf gegen die Philister (1 Samuel 31,2).

Joram   hebräisch. Bedeutung: von Jahwe erhöht.

Joram war der Sohn des Joschafat und König von Juda (1 König 22,51).

Jorge   spanische und portugiesische Form von ➞ Georg.

Joris   niederländische Form von ➞ Gregor.

Joschija, Josias, Josia   hebräisch. Bedeutung: Jahwe unterstützt.

Joschija war ein König von Juda, der religiöse Reformen durchführte. Er starb im Kampf gegen die Ägypter bei Megiddo (2 Könige 23,29).

Joschka   ungarische Form zu ➞ Josef.

Joschua, Joshua   Nebenformen zu ➞ Josua.

José   spanische Form von ➞ Josef.

Josef, Joseph   hebräisch. Bedeutung: Gott möge vermehren, Gott fügt hinzu. Koseformen: Sepp (bayerisch), Jupp (rheinisch). Internationale Varianten: Giuseppe (italienisch), Joseph (englisch), Joschka (ungarisch), José (spanisch), Josèphe (französisch), Josip (slawisch), Józef (polnisch), Ossip (russisch).

In der Bibel gibt es zwei bedeutende Figuren, die den Namen Josef tragen. Der erste Josef tritt im Alten Testament auf und ist der elfte Sohn des Jakob und einer der zwölf Stammväter Israels. Seine älteren Brüder verkauften ihn aus Eifersucht in die Sklaverei nach Ägypten, wo Josef zum Sterndeuter des Pharao aufsteigt.

Als in Palästina eine Hungersnot herrscht, kommt auch seine Familie nach Ägypten (Genesis 37–50). Im Neuen Testament begegnet uns Josef von Nazareth, Zimmermann und Ehemann der Maria (Lukas 2,4).

Joseph   englische Form von ➟ Josef.

Josèphe   französische Form von ➟ Josef.

Josias, Josia   Nebenformen zu ➟ Joschija.

Josip   slawische Form von ➟ Josef.

Josua, Joschua, Joshua   hebräisch. Bedeutung: der Herr hilft.

Josua war der Sohn Nuns aus dem Stamme Ephraim. Ursprünglich hieß er Hosea, doch Mose benannte ihn in Josua um. Nach dem Tod des Mose wird er dessen Nachfolger und führt das Volk Israel nach Kanaan. Dabei sorgt er stets für den Zusammenhalt der Stämme. Seine Geschichte wird im Buch Josua erzählt.

Jotam   hebräisch. Bedeutung: Jahwe ist aufrecht.

Im Alten Testament treten zwei Figuren mit dem Namen Jotam auf: Der eine als Sohn des Asarja (1 Chronik 3,12), der andere als König von Juda (2 Könige 15,32–38).

Józef   polnische Form von ➟ Josef.

Juan   spanische Form von ➟ Johannes.

Jubal   hebräisch. Bedeutung: kleiner Fluss.

Jubal wird in Genesis als Stammvater aller Zither- und Flötenspieler erwähnt (Genesis 4,21).

Juda   hebräisch. Bedeutung: der Gelobte, Dank. Internationale Varianten: Jude (englisch).

Juda war der vierte Sohn Jakobs und der Stammvater des Stammes der Judäer (Genesis 29,35). Aus diesem Stamm ging schließlich das Königreich Juda im Süden Israels hervor. König David und Jesus waren Nachfahren des Juda.

Judas   griechische Form von ➜ Juda.

Judas Iskariot war einer der zwölf Apostel Jesu. Er ermöglichte im Garten Getsemani die Festnahme Jesu, mit der Folge, dass Jesus an die Römer ausgeliefert und gekreuzigt wurde (Markus 14,43–52).

Jude   englische Form von ➜ Juda.

Jürgen   Kurzform zu ➜ Georg.

Julius   lateinisch. Bedeutung: der aus dem Geschlecht der Julier Stammende.

Julius I. war ein Papst. Er starb im Jahr 352. Zeit seines Lebens kämpfte er gegen die Irrlehre des Arius an, der die Wesenseinheit zwischen Christus und Gottvater leugnete.

Jupp   rheinische Koseform zu ➜ Josef.

Justin, Justinus, Justus   lateinisch. Bedeutung: der Gerechte.

Justinus († um 165) war ein Märtyrer. Um das Jahr 150 verfasste er eine »Schutzschrift der christlichen Religion« und verteidigte darin leidenschaftlich das Christentum. Da er öffentlich die Christenverfolgung anprangerte, wurde er schließlich eingekerkert und enthauptet.

Jurek   slawische Form von ➜ Georg.

Jurij   russische Form von ➜ Georg.

K

Kajaphas, Cajaphas   aramäisch. Bedeutung unklar.

Kajaphas war von 18 bis 37 n. Chr. Hohepriester und verhörte Jesus, bevor dieser zum Tode durch Kreuzigung verurteilt wurde (Matthäus 26,57).

Kaleb, Caleb   hebräisch. Bedeutung: der Mutige.

Kaleb war einer der Kundschafter, die Mose in das Land

Kanaan aussandte, um es zu erkunden. Als Einziger wagte er es, das Volk Israel dazu zu ermutigen, bei der Eroberung Kanaans fest auf Gott zu vertrauen. Damit gilt er als Vorbild für die Treue zu Jahwes Verheißungen (Numeri 13,1–14,45).

Karmi, Carmi hebräisch. Bedeutung: Weinlaub.
Karmi war ein Sohn des Ruben (Exodus 6,14).

Karpus, Carpus lateinische Form des griechischen Namens Karpos. Bedeutung: Frucht, Gewinn.
Ein Mann namens Karpus wird 2 Timotheus 4,13 erwähnt.

Karsten niederdeutsche Form von ➙ Christian.

Kaspar, Caspar persisch. Bedeutung: Schatzmeister.
Internationale Varianten: Gaspard (französisch), Gaspare, Gasparo (italienisch).
Kaspar ist einer der »Heiligen Drei Könige«, der Weisen aus dem Morgenland, die von Herodes nach Bethlehem geschickt werden, um den neugeborenen König der Juden zu finden (Matthäus 2,1–12). Näheres darüber, wer diese drei Weisen waren, ist allerdings nicht bekannt. Nachdem sie dem Jesuskind ihre Geschenke (Gold, Weihrauch und Myrrhe) übergeben haben, kehren sie in ihre jeweiligen Heimatländer zurück. Die Aufteilung, nach der die drei Weisen aus den Kontinenten Europa, Afrika und Asien stammen, erfolgte erst im 12. Jahrhundert.

Kenan hebräisch. Bedeutung: Besitz.
Kenan war ein Sohn des Enosch und somit ein Urenkel Adams (Genesis 5,9).

Kenanja hebräisch. Bedeutung: Jahwe setzt ein.
Kenanja war der Vorsteher der Leviten und wurde zusammmen mit seinen Söhnen als Beamte und Richter für die äußeren Angelegenheiten in Israel bestellt (1 Chronik 15,22 und 26,29).

Kesten   niederdeutsche Form von ➜ Christian.

Kevin   gälisch. Bedeutung: der Anmutige, Hübsche.

Kevin (um 550 bis um 618) war ein irischer Christ, der gleichzeitig als Krieger die Stämme in seiner Umgebung – auch mit unsanften Methoden – zum Christentum bekehrte. Später wurde er zum Bischof von Wicklow ernannt und gründete dort ein Kloster.

Kilian   irisch-schottisch, keltischer Herkunft. Bedeutung: Kirchenmann.

Der irische Wanderbischof Kilian († um 689) kam mit dem Wunsch zu missionieren nach Würzburg. Der Legende nach soll er den fränkischen Herzog Gozbert kritisiert haben, weil dieser die Witwe seines Bruders geheiratet hatte. Die Herzogin Gailana war darüber so erbost, dass sie Kilian mitsamt seinen Gefährten ermorden ließ. Daraufhin sollen die Mörder und Gailana verrückt geworden sein und sich gegenseitig ermordet haben. Noch heute erinnert das Kilianifest in Würzburg mit einem großen Volksfest und Wallfahrten an den Märtyrer.

Klemens, Clemens   lateinisch. Bedeutung: der Milde, Sanfte.

Klemens I. († um 97/101) war der dritte Papst und soll noch von Petrus selbst ordiniert worden sein. Berühmt ist sein Brief an die Korinther, in dem er die dortigen Christen zur Wiederherstellung der kirchlichen Ordnung aufruft. Später wurde er auf die Krim verbannt und musste dort in Steinbrüchen arbeiten. Als er in einem trockenen Steinbruch durch das Zeichen eines Lammes eine Quelle entdeckte, beschuldigte man ihn der Zauberei, hängte ihm einen Anker um den Hals und warf ihn ins Meer.

Kleopas, Cleopas   Kurzformen des griechischen Namens Kleopatros. Bedeutung: Ruhm des Vaters.

Kleopas war ein Jünger, der Jesus nach seiner Auferstehung erblickte (Lukas 24,18).

Kleophas, Cleophas   Nebenformen zu ➨ Klopas.

Klopas, Clopas, Kleophas, Cleophas   vermutlich aramäisch. Bedeutung unklar.

Klopas war der Ehemann einer der Frauen, die bei der Kreuzigung Jesu zugegen waren (Johannes 19,25).

Konrad   althochdeutsch. Bedeutung: der kühne, tapfere Ratgeber. Kurzformen: Kuno, Kurt, Conny, Konny. Internationale Varianten: Corrado (italienisch), Conrado (spanisch), Kondrat (russisch).

Konrad von Konstanz (um 900–976) stiftete zahlreiche Kirchen, Klöster und Spitäler. Außerdem unternahm er drei Wallfahrten ins Heilige Land.

Konstantin, Constantin   lateinisch. Bedeutung: der Standhafte, Beständige. Internationale Varianten: Constantine (englisch), Constantin (französisch), Costantino, Costante (italienisch), Kostadin, Kosta (südslawisch).

Der Kaiser Konstantin der Große (um 285–337) herrschte ab 306 über den Nordwesten des Römischen Reiches. 311 unterzeichnete er ein Edikt, das die Duldung der christlichen Religion erklärte. Ein Jahr später erzielte er einen entscheidenden Sieg an der Milvischen Brücke in Rom, nachdem er der Legende nach vor der Schlacht ein Kreuz mit der Inschrift »in diesem Zeichen siege« am Himmel erblickt hatte. Von diesem Zeitpunkt an förderte er das Christentum und ließ zahlreiche Kirchen errichten, darunter die Peterskirche in Rom und die Grabeskirche in Jerusalem. 330 verlegte er den Kaisersitz von Rom nach Byzanz, das ihm zu Ehren in Konstantinopel umbenannt wurde. Taufen ließ er sich jedoch erst auf dem Sterbebett.

Korbinian, Corbinian   lateinisch. Bedeutung unklar,
eventuell von lateinisch *corvinus* »kleiner Rabe«.
Korbinian von Freising (um 680–720/730) war der erste
Bischof der Diözese Freising und verbreitete von dort aus
den christlichen Glauben in Bayern.

Kornelius   Nebenform zu ➙ Cornelius.

Kostadin, Kosta   südslawische Form von ➙ Konstantin.

Krischan   niederdeutsche Form von ➙ Christian.

Krister   dänische und schwedische Form von ➙ Christian.

Kristian   Nebenform zu ➙ Christian.

Krysztof   slawische Form von ➙ Christoph.

Kuno, Kurt, Konny   Kurzformen zu ➙ Konrad.

L

Laban   hebräisch. Bedeutung: der Weiße.
Laban war der Vater von Lea und Rahel, den Ehefrauen
des Jakob. Jakob verliebte sich in Rahel und bot Laban
an, ihm sieben Jahre zu dienen, wenn er ihm Rahel zur
Frau gebe. Laban willigte ein, doch als die sieben Jahre
vorbei waren, täuschte er Jakob und gab ihm Lea zur
Frau, denn die ältere Tochter sollte vor der jüngeren
verheiratet sein. Daraufhin musste Jakob Laban noch
einmal sieben Jahre dienen, um auch Rahel zur Frau zu
bekommen (Genesis 29,16–30).

Lael   hebräisch. Bedeutung: von Gott.
Lael war der Vater des Eljasaf im Alten Testament (Numeri
3,24).

Lamech   hebräisch. Bedeutung: unklar, eventuell »der
Arme«.

Lamech war ein Nachfahre Kains (Genesis 4,18) und der Vater des Noach (Genesis 5,29).

Lazar, Lazarus   latinisierte Form des hebräischen Vornamens Eleasar. Bedeutung: Gott ist Helfer.
In der Bibel ist Lazarus der Bruder von Maria und Marta, der von Jesus wieder zum Leben erweckt wurde (Johannes 11,17–44).

Leander   griechisch. Bedeutung: Mann des Volkes.
Leander von Sevilla (um 540–600) war ein Erzbischof, der in seiner Heimat verschiedene Adelige und deren Gefolge zum christlichen Glauben bekehrte.

Lehi   hebräisch. Bedeutung: Name eines Ortes, »Kinn-backenhöhe«.
Bei Lehi erzielt Simson einen Sieg über die Philister. Obwohl er gefesselt war, konnte er sich durch die Kraft Gottes befreien und erschlug mit den noch blutigen Kinn-backen eines Esels tausend Männer (Richter 15,9–20).

Lemuel   hebräisch. Bedeutung: zu Gott gehörend.
Lemuel ist der König von Massa. An ihn richten sich die »Worte an Lemuel« im Buch der Sprichwörter 31,1–9.

Leo   lateinisch. Bedeutung: Löwe.
Leo ist der Name verschiedener Päpste. Besonders bedeutend waren Leo I. († 461) und Leo IX. (1002–1054). Leo I. der Große galt als idealer Papst und rettete durch seinen Einsatz die Stadt Rom vor den Hunnen und Vandalen. Außerdem kämpfte er hartnäckig für die Kirchenrechte. Leo IX. kam aus Deutschland und unternahm etliche Visitationsreisen durch Deutschland, Frankreich und Italien. In seinem Amt kämpfte er vehement gegen das Erkaufen von Ämtern, die Priester-ehe und die Laieninvestitur.

Levi   hebräisch. Bedeutung: der Anhängliche, dem Bunde
Zugetane.
Levi war ein Sohn von Jakob und Lea und einer der
Stammväter Israels (Genesis 35,23).

Linus   lateinisch. Bedeutung: Kurzform zu Namen, die auf
-linus enden, z. B. Paulinus.
Linus († 67/79) war ein Schüler des Apostels Paulus und
wurde der erste Papst nach Petrus. Über sein Leben ist
kaum etwas bekannt.

Luc   französische Form von ➙ Lukas.

Luca   italienische Form von ➙ Lukas.

Lucius   lateinisch. Bedeutung: der Lichte, Glänzende, bei
Tagesanbruch Geborene.
Lucius von Chur ist einer der wichtigsten Heiligen der
Schweiz. Über sein Leben gibt es verschiedene, sich
widersprechende Legenden. Nicht einmal beim Todes-
datum ist man sich einig: Manche Quellen berichten,
er sei um 176 gestorben, andere dagegen behaupten,
er habe erst im 5. oder 6. Jahrhundert gelebt. Angeblich
war er der erste Bischof von Chur und erlitt den Märtyrertod.

Lukas, Lucas   griechisch Bedeutung: der aus Lucania
Stammende. Internationale Varianten: Luke (englisch),
Luc (französisch), Luca (italienisch).
Der Evangelist Lukas war ursprünglich Arzt, doch über
seine Bekehrung ist nichts überliefert. Er begleitete den
Apostel Paulus auf seinen Missionsreisen und malte der
Legende nach Christus- und Marienbilder. In seinem
Evangelium betont er vor allem die universelle Kraft der
christlichen Botschaft. Auch die Apostelgeschichte soll
aus seiner Feder stammen.

Luke   englische Form von ➙ Lukas.

M

Machli, Machali hebräisch. Bedeutung: schwach, krank.
Machli war ein Sohn des Merari (Exodus 6,19).

Madai hebräisch. Bedeutung: Meder (ein Volk).
Madai war ein Sohn des Jafet und damit ein Enkel von
Noach (Genesis 10,2). Er war der Stammvater der Meder,
eines alten Volkes, welches mit den Persern verwandt war.

Mads nordische Form von ➙ Matthias.

Magnus lateinisch. Bedeutung: der Große.
Magnus von Füssen († 772) hieß ursprünglich Maginold
und erhielt später aufgrund zahlreicher Wundertaten den
Namen »Magnus«. Er war Mönch in St. Gallen, missionierte dann jedoch im Allgäu und am oberen Lech. In
Füssen errichtete er eine Zelle, die sich bald zum Benediktinerkloster St. Mang entwickelte.

Maleachi hebräisch. Bedeutung: »mein Bote« oder »mein
Engel«.
Maleachi ist der Name eines Buches im Alten Testament.
Ob eine Person namens Maleachi auch der Verfasser
dieses Buches ist, ist nicht bekannt. Bei manchen Forschern
gilt Maleachi als ein Prophet des 4. oder 5. Jahrhunderts,
andere wiederum sind der Meinung, dass die Auslegun-
gen verschiedener Schriftgelehrter hinter dem Buch
stecken.

Manasse, Manasses hebräisch. Bedeutung: »Vergessling«.
Manasse war der älteste Sohn Josefs, der bei seiner
Geburt sagte: »Gott hat mich all meine Sorge und mein
ganzes Vaterhaus vergessen lassen« (Genesis 41,51).
Außerdem war Manasse der Stammvater eines der zwölf
Stämme Israels.

Marc französische Form von → Markus.

Marcin polnische Form von → Martin.

Marco italienische und spanische Form von → Markus.

Marek slawische Form von → Markus.

Maria lateinische Form des hebräischen Namens Mirjam. Bedeutung: unklar, eventuell »Geliebte des Amun« oder »bitteres Wasser«. Als männlicher Zweitname zugelassen.

Mark englische, dänische und niederländische Form von → Markus.

Marko südslawische Form von → Markus.

Markus, Marcus lateinisch. Bedeutung: Sohn des Mars (römischer Kriegsgott). Internationale Varianten: Marc (französisch), Marco (italienisch, spanisch), Marek (slawisch), Mark (englisch, dänisch, niederländisch), Marko (südslawisch).

In der Bibel tauchen mehrere Figuren mit dem Namen Markus auf. So gibt es in der Apostelgeschichte einen Johannes, genannt Markus, welcher ein Judenchrist ist und der Vetter des Barnabas. Später geht er mit Paulus und Barnabas auf Missionsreise (Apostelgeschichte 15,37). Ob er mit dem Evangelisten Markus identisch ist, ist allerdings nicht bekannt. Auch in manchen Paulusbriefen wird ein Mitarbeiter namens Markus erwähnt (2 Timotheus 4,11). Petrus bezeichnet einen Mann namens Markus als seinen Sohn (1 Petrus 5,13), was darauf schließen lässt, dass er ihn getauft hat. Ob es sich in all diesen Fällen um dieselbe Person handelt, ist nicht bewiesen. Berühmt ist der Name Markus vor allem durch den Evangelisten Markus, doch auch über dessen Identität ist nichts Näheres bekannt. Fest steht, dass er sich mit seinem Evangelium an Heidenchristen wendet, denn er erklärt darin unter anderem jüdische Bräuche für Nichtjuden.

Martin lateinisch. Bedeutung: dem römischen Kriegsgott Mars geweiht. Internationale Varianten: Martino (italienisch, spanisch), Martinus (niederländisch), Marten (schwedisch), Morten (dänisch, norwegisch), Marcin (polnisch).
Martin von Tours (um 316–397) ist einer der bekanntesten Heiligen. Er war Soldat in der römischen Reiterlegion und soll, hoch zu Ross, vor den Toren der Stadt Amiens einem frierenden Bettler begegnet sein und mit ihm seinen Mantel geteilt haben. In der folgenden Nacht erschien ihm Jesus, der mit eben dieser Mantelhälfte bekleidet war – er wollte Martin prüfen. Tief bewegt, ließ sich Martin taufen und wirkte zunächst als Missionar, bevor er schließlich Bischof von Tours wurde. Ihm zu Ehren finden noch heute am 11. November die Martinsumzüge statt, bei denen Kinder mit hell erleuchteten Laternen durch die Straßen ziehen.

Martino italienische und spanische Form von → Martin.

Martinus niederländische Form von → Martin.

Marten schwedische Form von → Martin.

Massimo italienische Form von → Maximilian.

Mat, Matt englische Kurzform zu → Matthias.

Mats nordische Form zu → Matthias.

Mathew englische Kurzform zu → Matthias.

Mathieu französische Form zu → Matthias.

Mathis niederdeutsche Form zu → Matthias.

Mattan, Matthan hebräisch. Bedeutung: Geschenk.
Mattan war ein Baalspriester, der vom Volk Juda erschlagen wurde (2 Chronik 23,17). In Jeremia 38,1 wird ein weiterer Mattan als Vaters des Schefatja erwähnt.

Mattanja hebräisch. Bedeutung: Geschenk Jahwes.
Mattanja war der ursprüngliche Name des Zidkija, eines

Königs von Juda (2 Könige 24,17) Er war ein Onkel des Königs Jojachin.

Mattes   Kurzform zu → Matthias.

Matteo   italienische Form von → Matthäus.

Matthäus   Nebenform zu → Matthias. Kurzform: Tewes. Internationale Variante: Matteo (italienisch).

Der Name Matthäus wurde vor allem durch den gleichnamigen Evangelisten bekannt. Dieser war ein Jünger Jesu und Sohn des Alphäus. Ursprünglich war er Zöllner in Kapharnaum, bevor er von Jesus in den Kreis der zwölf Apostel berufen wurde (Matthäus 9,9).

Matthew   englische Kurzform zu → Matthias.

Matthias, Mathias   griechische Kurzform zum hebräischen Vornamen Mattanja. Bedeutung: Gabe des Herrn, Gottesgeschenk. Kurzform: Mattes. Internationale Varianten: Mathew, Matthew (englisch), Mat, Matt (englische Kurzformen), Mathieu (französisch), Mathis (niederdeutsch), Mats, Mads (nordisch), Matti (finnisch), Mattia (italienisch).

Matthias war einer der Jünger Jesu und wurde nach Jesu Himmelfahrt durch das Los zum Ersatzapostel für Judas Ischariot bestimmt (Apostelgeschichte 1,23–26). Später soll er in Judäa gepredigt haben und dort für seine missionarische Tätigkeit zum Tode verurteilt und enthauptet worden sein. Andere Legenden wiederum behaupten, Matthias habe in Griechenland und Äthiopien gepredigt.

Matti   finnische Form von → Matthias.

Mattia   italienische Form von → Matthias.

Maurice   englische und französische Form von → Mauritius.

Mauritius, Moritz   lateinisch. Bedeutung: der Mohr, Maure, aus der römischen Provinz Mauretanien Stammende.

Internationale Varianten: Morris (englisch), Maurice (englisch, französisch), Maurits (niederländisch), Maurizio (italienisch).
Mauritius († 302) stammte aus Ägypten. Er war Offizier und Hauptmann der Thebaischen Legion, welche aus christlichen Soldaten bestand. Diese weigerten sich, an der Christenverfolgung unter Kaiser Diokletian mitzuwirken. So wurde Mauritius mitsamt seinen Legionären niedergemetzelt.

Maurits niederländische Form von → Mauritius.

Maurizio italienische Form von → Mauritius.

Max, Maxi Kurzformen zu → Maximilian.

Maximilian lateinisch. Bedeutung: der Größte, Älteste, Erhabenste. Kurzformen: Max, Maxi. Internationale Varianten: Massimo (italienisch).
Maximilian († um 284) war ein Bischof und Märtyrer aus dem heutigen Slowenien, der als Wanderbischof tätig war. Während der Christenverfolgung unter Kaiser Numerianus wurde er gefangen genommen und hingerichtet.
Ein »moderner« Heiliger und Märtyrer ist Maximilian Kolbe (1894–1941). Der polnische Priester lehnte den Nationalsozialismus offen ab und half jüdischen Kriegsopfern. Dafür wurde er ins Konzentrationslager Auschwitz verschleppt und hingerichtet.

Medad hebräisch. Bedeutung: Liebe.
Medad war ein Ältester im Alten Testament, der nach dem Auszug aus Ägypten im Lager der Israeliten in prophetische Verzückung geriet und weissagte (Numeri 11,26–27).

Melcher Nebenform zu → Melchior.

Melchior, Melcher hebräisch. Bedeutung: Gott ist König des Lichts.

Melchior ist einer der »Heiligen Drei Könige«, der Weisen aus dem Morgenland, die von Herodes nach Bethlehem geschickt werden, um den neugeborenen König der Juden zu finden (Matthäus 2,1–12). Näheres darüber, wer diese drei Weisen waren, ist allerdings nicht bekannt. Nachdem sie dem Jesuskind ihre Geschenke (Gold, Weihrauch und Myrrhe) übergeben haben, kehren sie in ihre jeweiligen Heimatländer zurück. Die Aufteilung, nach der die drei Weisen aus den Kontinenten Europa, Afrika und Asien stammen, erfolgte erst im 12. Jahrhundert.

Melech   hebräisch. Bedeutung: König.

Melech war ein Sohn eines Mannes namens Micha, der aber nicht identisch mit dem Propheten Micha ist (1 Chronik 8,35).

Menahem   hebräisch. Bedeutung: Tröster.

Menahem war ein Sohn Gadis und wurde König von Israel. Er regierte zehn Jahre lang in Samaria (2 Könige 15, 17–22).

Mendel   Kurzform zu ➙ Immanuel.

Meo   italienische Kurzform zu ➙ Bartholomäus.

Merari   hebräisch. Bedeutung: bitter.

Merari war der jüngste Sohn des Levi im Alten Testament (Genesis 46,11).

Meschullam   hebräisch. Bedeutung: »bezahlt« oder »Freund«.

Im Alten Testament werden mehrere Personen mit dem Namen Meschullam erwähnt. Einer war der Sohn des Serubbabel (1 Chronik 3,19), ein weiterer war ein Sohn des Schefatja (1 Chronik 9,18), wieder ein anderer Meschullam war ein Nachkomme Kehats (2 Chronik 34,12).

Metuschael   hebräisch. Bedeutung: Mann des Pfeiles.

Metuschael war der Vater des Lamech und der Großvater Noachs (Genesis 4,18).

Micha hebräische Kurzform zu Michaja oder Michael.
Bedeutung: Wer ist wie Jahwe?

Der Name Micha kommt im Alten Testament mehrmals
vor, unter anderem gab es im achten Jahrhundert vor
Christus einen Propheten namens Micha, welcher der
Verfasser des Buches Micha ist. Weitere Personen namens
Micha sind: ein Ephraimiter, der ein privates Heiligtum
errichten ließ (Richter 17), ein Mann aus dem Stamm
Ruben (1 Chronik 5,5), ein Urenkel Sauls (2 Samuel 9,12),
der Leiter einer Levitenabteilung zur Zeit Davids
(1 Chronik 9,15) sowie Nachkomme des Sängers Asaf
(1 Chronik 8,15).

Michael hebräisch. Bedeutung: Wer ist wie Gott? Kurzformen: Michal, Michel, Mika. Internationale Varianten:
Michail (slawisch), Michel (französisch), Michele (italienisch), Michiel (niederländisch), Mick, Mike (englische
Kurzformen), Mickel (dänisch, schwedisch), Miguel
(spanisch, portugiesisch), Mihály (ungarisch), Mikael
(schwedisch, norwegisch), Mischa (russische Kurzform).
Michael ist neben Gabriel, Rafael und Uriel einer der vier
Erzengel. Er ist eine wichtige Figur in der Bibel und tritt
an etlichen Stellen im Alten und Neuen Testament auf.
Unter anderem verwehrte er Adam und Eva die Rückkehr
in das Paradies (Genesis 3,24) und zeigte Hagar, der
Magd, die von Abrahams eifersüchtiger Frau vertrieben
worden war, die Quelle zur Rettung ihres Sohnes (Genesis
16,7–8). Später stand er als Engel Gottes an der Spitze der
Israeliten bei ihrem Auszug aus Ägypten (Exodus 14,19).
In Daniel 10,13 half Michael dem Propheten Daniel und
kämpfte gegen den »Engelsfürst des Perserreichs«.
Dadurch ermöglichte er Daniel seine Offenbarungsvision,
in der er als Verteidiger Israels erscheint (Daniel 12,1). In

Offenbarung 12,7 schließlich besiegte Michael den Teufel in der Gestalt eines Drachens und stieß ihn hinab auf die Erde. Am Tag des Jüngsten Gerichts wird seine Posaune die Toten in ihren Gräbern erwecken.

Michail   slawische Form von ➡ Michael.

Michal   Kurzform zu ➡ Michael.

Michaja   hebräisch. Bedeutung: Wer ist wie Jahwe? Auch weiblicher Vorname.

Im Alten Testament treten sowohl Männer als auch Frauen mit diesem Namen auf. Der Mann Michaja war ein Beamter des König Joschafat und wurde von diesem zur Belehrung des Volkes nach Juda gesandt (2 Chronik 17,7). In Nehemia 12,41 wird außerdem ein Priester namens Michaja erwähnt.

Michel   Kurzform sowie französische Form zu bzw. von ➡ Michael.

Michele   italienische Form von ➡ Michael.

Michiel   niederländische Form von ➡ Michael.

Mick   englische Kurzform zu ➡ Michael.

Mickel   dänische und schwedische Form von ➡ Michael.

Mies   niederdeutsche und niederländische Form von ➡ Bartholomäus.

Miguel   spanische und portugiesische Form von ➡ Michael.

Mihály   ungarische Form von ➡ Michael.

Mika   Kurzform zu ➡ Michael.

Mikael   schwedische und norwegische Form von ➡ Michael.

Mike   englische Kurzform zu ➡ Michael.

Miklós   ungarische Form von ➡ Nikolaus.

Mischa   russische Form von ➡ Michael.

Mnason   griechisch. Bedeutung: vermutlich »erinnern«.

In Apostelgeschichte 21,16 übernachtete Paulus in

Jerusalem bei einem Mann namens Mnason, einem ursprünglich aus Zypern stammenden Juden.

Moab hebräisch. Bedeutung: von seinem Vater.
Moab war ein Sohn des Lot. Er war der Stammvater der Moabiter, einem Volk, das in einer Gegend namens Moab östlich von Israel lebte (Genesis 19,37).

Mordechai persisch. Bedeutung: Diener des Marduk.
Im Alten Testament war Mordechai der Onkel und Pflegevater von Ester. Durch die Aufdeckung einer Verschwörung hatte er dem persischen König Artaxerxes das Leben gerettet. Aus Dank erhob Artaxerxes daraufhin Mordechais Pflegetochter Ester zur Königin (Ester 1–2).

Moritz Nebenform zu ➜ Mauritius.

Morris englische Form von ➜ Mauritius.

Morten dänische und norwegische Form von ➜ Martin.

Mose, Moses 1. hebräisch. Bedeutung: aus dem Wasser gezogen. 2. ägyptisch. Bedeutung: Kind.
Die Geschichte von Mose ist eine der bekanntesten Erzählungen der Bibel überhaupt. Er war der Sohn des Amram aus dem Stamme Levi und wurde zu der Zeit geboren, als das Volk Israel im ägyptischen Exil lebte. Am Anfang war es den Israeliten dort sehr gut gegangen, doch zu der Zeit, als Mose geboren wurde, waren sie Sklaven. Der herrschende Pharao wollte die Israeliten ausrotten und befahl daher, alle männlichen Säuglinge unmittelbar nach ihrer Geburt töten zu lassen. Doch der Mutter Moses gelang es, den neugeborenen Mose in einem Schilfkorb am Ufer des Nil auszusetzen, wo er von der Tochter des Pharao gefunden und aufgezogen wurde (Exodus 2,1–10). Später sprach am Berg Horeb ein Engel aus einem Dornbusch, der brannte, ohne zu verbrennen, und Gott kündigte an, dass Mose das Volk Israel retten und in ein Land führen

werde, in dem Milch und Honig fließen (Exodus 2,23–4,17). Zusammen mit seinem Bruder Aaron versuchte Mose daraufhin, den Pharao dazu zu bewegen, das Volk Israel ziehen zu lassen, doch dieser weigerte sich. So sandte Gott den Ägyptern zehn Plagen – die letzte davon war der Tod aller ägyptischen Erstgeborenen in einer Nacht. Erst dann stimmte der Pharao zu und ließ die Israeliten gehen (Exodus 7,1–11,10). Als das Volk Israel ans Rote Meer gelangte, teilte dieses sich, sodass die Israeliten hindurchgehen konnten. Über den Ägyptern, die zwischenzeitlich die Verfolgung aufgenommen hatten, schlug es jedoch zusammen und ertränkte sie alle. Am anderen Ufer angekommen, hatte Israel mit vielen Schwierigkeiten zu kämpfen, unter anderem herrschte großer Hunger. Daraufhin sandte Gott das Manna, vermutlich essbares Harz der Tamariske. Schließlich schlugen die Israeliten ihr Lager am Berg Sinai auf. Hier zeigte sich Gott Mose und übergab ihm zwei Steintafeln, auf denen die Zehn Gebote und diverse andere Gesetze und Vorschriften festgehalten waren (Exodus 20,1–21). Beim Weiterzug wurde das Volk immer ungeduldiger. Als Strafe für diese Undankbarkeit ließ Gott die Israeliten 40 Jahre lang durch die Wüste irren, bevor sie schließlich das gelobte Land erreichten. Mose selbst starb an dem Tag, als Josua die Israeliten über den Jordan führte (Deuteronomium 34,1–9).

N

Nabot hebräisch. Bedeutung: der Herausragende.
Nabot war der Besitzer eines Weinbergs in Jesreel. König
Ahab wollte diesen Weinberg gerne für sich haben, doch
Nabot weigerte sich, ihn zu verkaufen. Daraufhin schmie-
dete Ahabs Frau Isebel einen perfiden Plan: Sie ließ Nabot
fälschlicherweise der Gotteslästerung anklagen und
steinigen (1 Könige 21,1–29).

Nadab hebräisch. Bedeutung: großzügig.
Nadab hieß ein Sohn des Aaron im Alten Testament.
Zusammen mit seinem Bruder Abihu wurde er von Gott
getötet, weil sie ihm ein unerlaubtes Feueropfer dargebracht hatten (Levitikus 10,1–5).

Naftali hebräisch. Bedeutung: ringen, kämpfen.
Naftali war einer der Söhne Jakobs, und Ahnherr des
gleichnamigen Stammes der zwölf Stämme Israels
(Genesis 35,25).

Nahor hebräisch. Bedeutung: schnauben.
Nahor lautet der Name des Großvaters (Genesis 11,24) und
eines Bruders von Abraham (Genesis 11,26).

Nahum, Naum hebräisch. Bedeutung: Tröster.
Nahum war ein Prophet im Alten Testament. Er verfasste
das Buch Nahum, in dem der Fall Ninives, der Hauptstadt
des assyrischen Weltreichs, vorhergesagt wird.

Nat, Nate englische Kurzformen zu ➙ Natanael.

Natan, Nathan hebräisch. Bedeutung: Gott hat gegeben.
Natan war ein Prophet, der David nach dem Ehebruch
mit Batseba und dem Mord an Urija das Urteil Gottes
verkündete (2 Samuel 12,1–14). Er erzählt das Gleichnis von dem Reichen, der für ein Festmahl nicht eines

seiner eigenen unzähligen Rinder und Schafe schlachtet,
sondern das einzige Schaf eines Armen beschlagnahmt.

Natanael, Nathanel, Nataniel, Nathaniel   hebräisch.
Bedeutung: Gott hat gegeben. Internationale Varianten:
Nat, Nate (englische Kurzformen).
Im Neuen Testament ist Natanael einer der zwölf Jünger
Jesu, der in Jesus den Sohn Gottes erkennt (Johannes
1,48–49).

Nehemia   hebräisch. Bedeutung: Gott hat getröstet.
Nehemia war der jüdische Mundschenk des persischen
Königs Artaxerxes I. und später zwölf Jahre lang
Statthalter von Juda. Zusammen mit Esra war er die
wichtigste Persönlichkeit bei der Rückkehr der Juden
aus dem babylonischen Exil. Davon erzählt Nehemia
in dem nach ihm benannten Buch des Alten
Testaments.

Nekoda   hebräisch. Bedeutung: auffallend, gezeichnet.
Nekoda war das Oberhaupt einer Familie von Tempel-
dienern (Nehemia 7,50).

Nerija   hebräisch. Bedeutung: Licht/Lampe des Jahwe.
Nerija war der Vater des Baruch (Jeremia 32,12).

Netanja   hebräisch. Bedeutung: Jahwe hat gegeben.
Netanja war der Vater des Jischmael (2 Könige 25,23).

Niccolò, Nicola   italienische Formen von → Nikolaus.

Nicholas   englische Form von → Nikolaus.

Nick, Nicky   Kurzformen zu → Nikolaus.

Nicolas   französische Form von → Nikolaus.

Niels   dänische Form von → Nikolaus.

Niklas   Kurzform zu → Nikolaus.

Niko   Kurzform zu → Nikolaus.

Nikodemus   griechisch. Bedeutung: Volkssieger. Kurzform:
Niko.

Nikodemus war ein Pharisäer und Schriftgelehrter, der
für Jesus eintrat und sich auch an dessen Beisetzung
beteiligte (Johannes 3,1–13).

Nikolaas niederländische Form von ➙ Nikolaus.

Nikolai russische Form von ➙ Nikolaus.

Nikolaus griechisch. Bedeutung: der Sieger aus dem Volk.
Kurzformen: Niklas, Nick, Niko, Nicky, Klas, Klaas, Klaus.
Internationale Varianten: Nicholas (englisch), Nicolas
(französisch), Niccoló, Nicola (italienisch), Nikolaas
(niederländisch), Niels (dänisch), Nils (schwedisch),
Nikolai (russisch), Miklós (ungarisch).
Der bekannteste Nikolaus der Kirchengeschichte ist der
Bischof Nikolaus von Myra (280/286–345/351). Er ist
derjenige, der am 5. oder 6. Dezember die artigen Kinder
besucht und ihnen über Nacht die Stiefel mit Süßigkeiten
füllt. Der Legende nach soll Nikolaus eine Hungersnot in
Myra beendet haben, indem er Getreideschiffer dazu
brachte, einen Teil ihrer Ladung an die notleidende Bevöl-
kerung abzugeben. Als die Schiffe weiterfuhren, waren
ihre Frachträume trotzdem wieder voll bis an den Rand.
So viele Legenden sich um Nikolaus ranken, so wenig
ist doch über sein eigentliches Leben bekannt. Um 300
wurde er Bischof von Myra an der südwestlichen Küste
der heutigen Türkei. In dieser Funktion nahm er auch am
berühmten Konzil von Nicäa teil, wo er vehement für das
Dogma der Trinität eintrat.

Nils schwedische Form von ➙ Nikolaus.

Nimrod babylonisch oder hebräisch. Bedeutung unklar,
eventuell »Rebell«.
Nimrod war ein bekannter Jäger im Alten Testament und
ein Urenkel des Noach. Er war der Begründer Babylons
(Genesis 10,9).

Noach, Noah   hebräisch. Bedeutung: Ruhebringer.

Die Geschichte von Noach und seiner Arche ist eine der bekanntesten Erzählungen der Bibel (Genesis 6–9). Gott will wegen der Verderbtheit der Menschen alles Leben auf der Erde untergehen lassen und schickt eine große Sintflut. Nur Noach, der sich durch große Frömmigkeit auszeichnet, und seine Familie, sollen verschont werden. So befiehlt Gott Noach, eine Arche zu bauen, und von jedem Lebewesen ein Paar mitzunehmen. Nach der Sintflut schließt Gott mit Noach einen Bund, in dem er verspricht, nie wieder ein solch furchtbares Strafgericht zu schicken. Das Zeichen für diesen Bund ist der Regenbogen.

Nogah   hebräisch. Bedeutung: Helligkeit, Glanz.

Nogah war ein Sohn des Königs David (1 Chronik 3,7).

O

Obadja   hebräisch. Bedeutung: Diener des Jahwe.

Obadja war ein Prophet im Alten Testament und der Verfasser des gleichnamigen Buches im Alten Testament. Sein Thema ist das Gericht über das Volk Edom. Israel übt Vergeltung an Edom und erobert dessen Gebiet.

Ein weiterer Obadja war Palastvorsteher des Königs Ahab (1 Könige 18,3).

Obed   hebräisch. Bedeutung: Diener, Gläubiger.

Obed ist der Sohn von Rut und Boas und der Großvater des Königs David (Rut 4,17).

Oded   hebräisch. Bedeutung: wiederherstellen.

Oded war ein Prophet aus Samaria (2 Chronik 28,9).

Ofir Herkunft und Bedeutung unklar.

Ofir war ein Sohn des Joktan im Alten Testament (Genesis 10,29).

Ohad hebräisch. Bedeutung: vereint.

Ohad war der dritte Sohn des Simeon (Genesis 46,10).

Omar hebräisch. Bedeutung: Sprecher.

Omar war ein Sohn des Elifas im Alten Testament (Genesis 36,11).

Omri hebräisch. Bedeutung: mein Bündel.

Omri war ursprünglich ein Befehlshaber im Heer von Israel, wurde dann jedoch zum König ausgerufen (1 Könige 16,21–28).

Onesimus latinisierte Form des griechischen Namens Onesimos. Bedeutung: nützlich, gewinnbringend.

Onesimus war ein entlaufener Sklave des Philemon, der im Gefängnis den Apostel Paulus kennenlernte und von ihm bekehrt wurde. Paulus schickte ihn zu Philemon zurück, um diesem den gleichnamigen Brief aus dem Neuen Testament zu überbringen. Darin bat er Philemon, Onesimus zu verzeihen und ihn freizulassen (Philemon 8–20).

Onesiphorus latinisierte Form des griechischen Namens Onesiphoros. Bedeutung: nützlich, gewinnbringend.

Onesiphorus wird kurz im zweiten Brief des Paulus an Timotheus erwähnt (2 Timotheus 4,19). Der Überlieferung nach erlitt er den Märtyrertod, indem er an Pferde gebunden und dann entzweigerissen wurde.

Oschea Nebenform zu ➙ Hosea.

Ossip russische Form von ➙ Josef.

Otniel hebräisch. Bedeutung: Löwe Gottes.

Otniel ist der Neffe des Kaleb und wurde der erste Richter Israels (Josua 15,17, Richter 3,7–11).

P

Paale, Pals   friesische Form von ➜ Paul.

Paavo   finnische Form von ➜ Paul.

Pablo   spanische Form von ➜ Paul.

Paddy   englische Kurzform zu ➜ Patrick.

Pallu   hebräisch. Bedeutung: hervorragend, ausgezeichnet. Pallu war ein Sohn des Ruben (Exodus 6,14).

Pat   englische Kurzform zu ➜ Patrick.

Patrick, Patrik   irisch-englisch, lateinischer Herkunft. Bedeutung: zu den römischen Patriziern gehörig, zum römischen Adel gehörig. Kurzformen: Pat, Paddy (englisch).

Der berühmteste Patrick ist der irische Nationalheilige Patrick (um 385 bis um 461), der nicht nur auf der grünen Insel, sondern auch in den USA und Australien verehrt wird – die zahlreichen irischen Auswanderer haben dazu beigetragen. Er wurde im römischen Britannien geboren, dann aber von irischen Seeräubern nach Irland verschleppt, wo er als Sklave dienen musste. Dort setzte ein religiöser Wandel ein, nämlich als ihm die Flucht aus der Sklaverei gelang. Da vernahm Patrick eine Stimme, die ihm befahl, das Christentum in Irland zu verbreiten. Dieser Aufgabe widmete er sich in den folgenden Jahren und wurde schließlich Bischof. Um seine Figur ranken sich zahlreiche Legenden: Unter anderem soll er die Schlangen aus Irland vertrieben haben. Seinen Festtag am 17. März feiern Iren in aller Welt mit großer Begeisterung.

Paul, Paulus   lateinisch. Bedeutung: der Kleine. Erweiterte Formen: Paulin, Paulinus. Internationale Varianten: Paale,

Pals (friesisch), Paavo (finnisch), Pablo (spanisch), Pavel (tschechisch), Pawel (russisch), Poul (dänisch).

Der Apostel Paulus ist nach Jesus die bedeutendste Person für die Ausbreitung des Christentums: Ursprünglich hieß er Saul (latinisiert Saulus) und stammte aus einer streng gläubigen jüdischen Familie in Tarsos. Zunächst war er ein entschiedener Gegner des Christentums, doch dann kam es vor dem Stadttor von Damaskus zu einer einschneidenden Begegnung: Ein Licht blendete ihn und er hörte eine Stimme, die ihn fragte: »Saulus, warum verfolgst du mich?« Daraufhin ließ er sich taufen, änderte seinen Namen in Paulus und verkündete nun auf zahlreichen Missionsreisen das Evangelium (Apostelgeschichte 9–28). Ihm ist es zu verdanken, dass sich das Christentum weit über die Grenzen der jüdischen Gemeinden hinaus verbreitete und so auch Römer, Griechen und andere Völker erreichte. Die Briefe, die er an seine Gemeinden schrieb, gehören zu den ältesten Schriften des Neuen Testaments. Später wurde Paulus als vermeintlicher jüdischer Fanatiker in Jerusalem verhaftet und nach Rom gebracht, wo er den Märtyrertod erlitt. Noch heute geläufig ist die Redewendung »vom Saulus zum Paulus werden«, die ausdrückt, dass jemand seine Meinung um 180 Grad geändert hat.

Paulin, Paulinus   erweiterte Formen zu → Paul.

Pavel   tschechische Form von → Paul.

Pawel   russische Form von → Paul.

Peder   dänische Form von → Peter.

Pedro   spanische Form von → Peter.

Peeke   friesische Form von → Peter.

Peer   nordische Form von → Peter.

Pelle   schwedische Koseform zu → Peter.

Per   Schwedische Form von → Peter.

Perez   spanische Form von → Peter.

Petar   bulgarische und serbokroatische Form von → Peter.

Pete   englische Kurzform zu → Peter.

Peter, Petrus   griechisch-lateinisch. Bedeutung: Fels,
Felssitz. Internationale Varianten: Peder (dänisch), Pedro,
Perez (spanisch), Peeke (friesisch), Peer (nordisch), Pelle
(schwedische Koseform), Per (schwedisch), Petar (bulgarisch, serbokroatisch), Pete (englische Kurzform), Petö
(ungarisch), Petr (slawisch), Pidder (nordfriesisch), Pier
(italienische und niederländische Nebenform), Piero
(italienisch), Pierre (französisch), Piet, Pieter (niederländisch), Pietro (italienisch), Pjotr (russisch).
Petrus, der berühmteste Apostel, lebte zunächst mit
seinem Bruder Andreas als Fischer am See Genezareth
und hieß ursprünglich Simon. Zusammen mit Andreas
wurde er von Jesus zum Jünger berufen. Schon bald
nahm er unter den Jüngern eine besondere Stellung ein.
Jesus nannte ihn den Felsen, auf den er seine Kirche
bauen werde (Matthäus 16,18). Das aramäische Wort für
Felsen lautet *kephas*, seine Übersetzung ins Griechische
petrós – so kam der Apostel zu dem Namen, unter dem er
heute bekannt ist. Später verleugnete Petrus seinen
Meister dreimal, bereute dies jedoch bitterlich (Matthäus
26,69–75). Nach Jesu Auferstehung leitete Petrus die
Mission unter den Juden und bekehrte in Antiochia und
Kleinasien viele Menschen zum christlichen Glauben. Im
Laufe seiner Reisen kam er nach Rom, wo er unter Kaiser
Nero den Märtyrertod erlitt und mit dem Kopf nach unten
hängend ans Kreuz genagelt wurde. Über seinem Grab
wurde später der Petersdom errichtet.

Petö   ungarische Form von → Peter.

Petr slawische Form von ➙ Peter.

Phil Kurzform zu ➙ Philippus.

Philemon griechisch. Bedeutung: liebevoll.

Philemon war ein Christ in Kleinasien und der Empfänger des gleichnamigen Paulus-Briefes.

Philetus griechisch. Bedeutung: geliebt.

Philetus war ein Ketzer in der Kirche von Ephesus (2 Timotheus 2,17).

Philippe französische Form von ➙ Philippus.

Philippus, Philipp griechisch. Bedeutung: Pferdefreund.

Kurzform: Phil (englisch). Internationale Varianten: Philippe (französisch), Felipe (spanisch), Filippo (italienisch), Filip (slawisch).

Zusammen mit anderen griechischen Namen wie Andreas gelangte der Name Philipp in hellenistischer Zeit nach Palästina. Der Apostel Philippus stammte aus Betsaida und wurde von Jesus zum Jünger berufen (Johannes 1,43–44). Beim Abendmahl wurde er gerügt, weil er die Botschaft Jesu noch immer nicht ganz verstanden hatte (Johannes 14,8–10). Nach Jesu Himmelfahrt predigt Philippus in Skythien.

Pidder nordfriesische Form von ➙ Peter.

Pier italienische und niederländische Nebenform von ➙ Peter.

Piero italienische Form von ➙ Peter.

Pierre französische Form von ➙ Peter.

Piet, Pieter niederländische Form von ➙ Peter.

Pietro italienische Form von ➙ Peter.

Pinhas, Phineas, Phinehas, Pinkas, Pinkus Herkunft und Bedeutung unklar, eventuell »der Nubier« in Ägyptisch oder »Schlangenmaul« in Hebräisch.

Im Alten Testament war Pinhas ein Priester, der Sohn von

Eleasar und ein Enkel des Aaron. Er tötete einen Israeliten, nachdem dieser eine Midianiterin geheiratet hatte, und beendete damit eine gottgesandte Plage (Numeri 25,1–18). Ein anderer Pinhas war ein Sohn des Priesters Eli, der in der Schlacht gegen die Philister fiel (1 Samuel 1,3).

Pirmin   Herkunft und Bedeutung unklar.

Pirmin (690–753) war ein Benediktiner und Abtbischof, über dessen Herkunft so gut wie nichts bekannt ist. Sicher ist nur, dass er als Wanderbischof am Oberrhein wirkte und Klöster auf der Reichenau am Bodensee, in Murbach und Hornbach gründete. Außerdem reformierte er auch zahlreiche Klöster.

Pjotr   russische Form von ➨ Peter.

Pontius   lateinisch. Bedeutung: römischer Familienname, der von der Provinz »Pontus« in Kleinasien abgeleitet wurde.

Ein berühmter Träger dieses Namens ist Pontius Pilatus, der im Neuen Testament als römischer Statthalter in Judäa auftritt (Lukas 3,1).

Poul   dänische Form von ➨ Paul.

Prochorus   latinisierte Form des griechischen Namens Prochorus. Bedeutung: Führer des Tanzes.

Prochorus war einer der sieben ursprünglichen Diakone der urchristlichen Gemeinde von Jerusalem (Apostelgeschichte 6,5).

Q

Quirin, Quirinus   lateinisch. Bedeutung: der Kriegsmächtige, Kriegerische.

Quirinus war Römer und zur Zeit der Geburt Jesu Statthalter des römischen Reiches in Syrien (Lukas 2,2).

R

Rafael, Raffael, Raphael   hebräisch. Bedeutung: Gott heilt.
Internationale Varianten: Raffaele, Raffaelo (italienisch).
Rafael ist ein Engel, der unter anderem den Baum des
Lebens im Garten Eden bewacht. Eine wichtige Rolle
spielt er im Buch Tobit. Hier begleitet er den jungen
Tobias auf seiner Reise und hilft ihm, einen Dämon zu
vertreiben (Tobit 5–12).

Raffaele, Raffaelo   italienische Form von ➜ Raffael.

Ram   hebräisch. Bedeutung: erhöht.
Ram war ein Sohn des Hezron im Alten Testament
(1 Chronik 2,9).

Raphael   Nebenform zu ➜ Rafael.

Rehabeam   hebräisch. Bedeutung: Er vergrößert das Volk.
Rehabeam war ein Sohn des Salomo. Er folgte seinem
Vater auf den Thron Israels, doch das Volk erhob sich
gegen ihn, da er sehr hohe Abgaben verlangte. In der
Folge wurde das Königreich in Israel und Juda gespalten
(2 Chronik 10–13).

Rouven   Nebenform zu ➜ Ruben.

Ruben, Rouven, Ruven, Ruwen   hebräisch. Bedeutung: Seht
den Sohn!
Ruben war der älteste Sohn von Jakob und Lea. In der
Josefsgeschichte ist er derjenige, der dafür sorgt, dass
Josef nicht von seinen neidischen Brüdern umgebracht,
sondern »nur« in die Sklaverei verkauft wird (Genesis

37,21–22). Außerdem ist Ruben einer der zwölf Stammväter Israels.

Rufus   lateinisch. Bedeutung: rothaarig.
Ein Rufus wird in den Briefen des Apostels Paulus
erwähnt (Römer 16,13).

Ruven, Ruwen   Nebenformen zu ➜ Ruben.

S

Sacharja   hebräisch. Bedeutung: der Herr hat sich erinnert.
Sacharja war ein Prophet im Alten Testament. Zumindest
die Kapitel 1 bis 8 des gleichnamigen Buches stammen
aus seiner Feder. Die Autorschaft der restlichen Kapitel ist
jedoch umstritten. Vor Erscheinen des ÖVBE war Sacharja
in der katholischen Kirche ebenfalls als Zacharias
bekannt.

Salatiel   Nebenform zu ➜ Schealtiel.

Salomo, Salomon   hebräisch. Bedeutung: Glück, Wohl-
ergehen, Friede.
Salomo war der Sohn Davids und damit dessen Nachfolge
als König von Juda, Israel und Jerusalem. Unter seiner
Herrschaft erlebte das Reich eine Zeit der kulturellen und
wirtschaftlichen Blüte. Seine Weisheit soll weit über die
Grenzen seines Reiches berühmt gewesen sein. Ein
Beispiel hierfür ist die Geschichte vom »salomonischen
Urteil« (1 Könige 3,16–28): Zwei Dirnen hatten je ein Kind
geboren, von denen jedoch nur eines überlebte. Die
beiden Frauen behaupteten nun beide, dieses sei ihr Kind.
Salomo befahl, das Kind in zwei Hälften zu teilen, sodass
jede Frau etwas von dem Kind habe. Die Frau, welche auf

ihren Anspruch verzichtete, um das Leben des Kindes zu schonen, erkannte Salomo als die wahre Mutter. Auch zahlreiche Psalmen und mehrere biblische Weisheitsbücher wie das Buch der Sprüche werden Salomo zugeschrieben.

Sam, Sammy englische Kurzformen zu ➙ Samuel.

Samson Nebenform zu ➙ Simson.

Samuel hebräisch. Bedeutung: nicht sicher, eventuell: »Gott hat ihn beim Namen gerufen« oder »Er hat Gott gehört«. Kurzformen: Sam, Sammy (englisch).
Samuel war der letzte Richter Israels. Weil seine Mutter Hanna lange kinderlos blieb, wandte sie sich an den Priester Eli. Durch dessen Fürsprache bekam sie schließlich ihren Sohn Samuel und weihte ihn Gott. So wuchs Samuel als Elis Diener im Tempel auf. Später salbte er im Auftrag Gottes den Benjaminiten Saul zum König. Als dieser die Gnade Gottes verloren hatte, ging Samuel ebenfalls im Auftrag Gottes zu David, der damals noch ein Hirtenjunge in Bethlehem war, und salbte diesen zum König (1 Samuel 16,1–13).

Saul, Saulus hebräisch. Bedeutung: der Erbetene, Begehrte. In der Bibel treten zwei Figuren mit dem Namen Saul auf. Zum einen war Saul der erste König von Israel, der von Samuel gesalbt wurde (1 Samuel 9,1–10,16). Zum anderen war Saulus aber auch der ursprüngliche Name des Apostels Paulus (Apostelgeschichte 7,58).

Schamgar hebräisch. Bedeutung: vermutlich »Schwert«. Schamgar war ein Richter im Alten Testament (Richter 3,12–31).

Scharar hebräisch. Bedeutung: Feind. Scharar war der Vater des Ahiam im Alten Testament (2 Samuel 23,33).

Schealtiel, Salatiel   hebräisch. Bedeutung: Ich habe von Gott erbeten.

Schealtiel war ein Sohn des Jojachin und der Vater des Serubbabel (Matthäus 1,12).

Scheba   hebräisch. Bedeutung: Eid, Schwur.

Scheba war ein Benjaminiter, der einen Aufstand gegen König David anzettelte. Er flüchtete nach Abel-Bet-Maacha, doch die Einwohner schlugen ihm den Kopf ab, um ihre Stadt vor der Zerstörung zu retten (2 Samuel 20).

Schelach   hebräisch. Bedeutung: Gesuch, Bitte.

Schelach war ein Enkel des Sem und damit ein Urenkel Noachs (1 Chronik 1,24).

Schemer   hebräisch. Bedeutung: eventuell »bewahrt«.

Schemer war der Eigentümer des Hügels, auf dem Samaria errichtet wurde (1 Könige 16,24).

Seamus   irische Form von ➜ Jakob.

Sean   irische Form von ➜ Johannes.

Sebastian   griechisch. Bedeutung: der Verehrungswürdige, Erhabene. Kurzformen: Bastian, Basti. Internationale Varianten: Sébastien (französisch), Sebastiano, Bastiano (italienisch).

Der Märtyrer Sebastian († um 288) zählt auch heute noch zu den meistverehrten Heiligen, doch über sein eigentliches Leben ist kaum etwas bekannt. Vermutlich wurde er in Mailand geboren und diente später als Soldat in der Garde des Kaisers Carinus. Besonders setzte er sich für in Not geratene Christen ein und zog damit den Zorn Diokletians – des Nachfolgers von Carinus – auf sich. Zur Strafe ließ ihn dieser mit Pfeilen durchbohren. Als ihn die Witwe des Märtyrers Kastulus bestatten lassen wollte, bemerkte sie, dass Sebastian noch lebte und pflegte ihn gesund. Sebastian bekannte sich daraufhin erneut zu seinem Glauben und beschuldigte den Kaiser der Christenverfolgung. Diokletian ließ ihn dafür mit Keulen erschlagen. Im Mittelalter galt Sebastian als Schutzpatron vor der Pest. Um sich vor der Epidemie zu schützen, trugen viele Menschen damals Sebastianspfeile aus Metall mit sich.

Sebastiano   italienische Form von ➝ Sebastian.

Sébastien   französische Form von ➝ Sebastian.

Sebulon, Sebulun   hebräisch. Bedeutung: Bleibe.
Sebulun war der sechste Sohn des Jakob im Alten Testament und einer der Stammväter der zwölf Stämme Israels (Genesis 30,20). Auch eine Ebene in Israel trägt diesen Namen (Josua 19,27).

Sem   hebräisch. Bedeutung: Name.
Sem war ein Sohn des Noach und der Stammvater der semitischen Völker (Genesis 5,32).

Semjon   russische Form von ➝ Simon.

Sepp   bayerische Koseform zu ➝ Josef.

Serafim, Seraph   hebräisch. Bedeutung: der Brennende, Leuchtende.
Mit der Mehrzahlform Serafim werden in der Bibel (beim Propheten Jesaja) die sechsflügeligen Engelsgestalten an Gottes Thron bezeichnet (Jesaja 6,12).

Seraja   hebräisch. Bedeutung: Jahwe ist der Herrscher.
Im Alten Testament treten mehrere Personen mit dem Namen Seraja auf, darunter ein Staatsschreiber (2 Samuel 8,17) und ein Oberpriester (2 Könige 25,18).

Seraph   Nebenform zu ➝ Serafim.

Set   hebräisch. Bedeutung: (Ersatz-)Spross.
Set war der dritte Sohn von Adam und Eva und ein Stammvater der gesamten Menschheit (Genesis 4,25).

Severin, Severus   lateinisch. Bedeutung: der Strenge.

Severin von Köln lebte im 4. Jahrhundert und war
Bischof in der Stadt am Rhein. Über sein Leben ist allerdings kaum etwas bekannt.

Silas   aramäische Nebenform zu ➙ Saul.

Silas war ein führendes Mitglied der christlichen Gemeinde
Jerusalems und begleitete später den Apostel Paulus auf
seinen Missionsreisen (Apostelgeschichte 15–18).

Simeon   hebräisch. Bedeutung: Gott hat gehört.

Im Alten Testament trägt einer der zwölf Söhne Jakobs
den Namen Simeon (Genesis 29,33), er war der Stammvater der Simeoniten. Ein weiterer Simeon ist der Bruder
von Judas dem Makkabäer, der das Makkabäerreich
regierte und den Titel des Hohenpriesters trug (1 Makkabäer 12–16). Im Neuen Testament wird der Greis Simeon
erwähnt, der das Jesuskind im Tempel als den Messias
begrüßte. Er sah das Kind bei der Beschneidung, nahm es
auf den Arm und lobte Gott (Lukas 2,27–32).

Simon   griechische Variante des hebräischen Namens
Simeon. Bedeutung: Gott hat gehört. Internationale
Varianten: Semjon (russisch), Simone (italienisch, in
Deutschland und Österreich nur als Mädchenname
zugelassen, in der Schweiz in Verbindung mit einem
eindeutig männlichen Zweitnamen erlaubt).
Der Name Simon taucht in der Bibel öfters auf. Unter
anderem ist er der ursprüngliche Name des Apostels
Petrus (Matthäus 10,2). Eine bekannte Figur ist auch der
Apostel Simon Kanaanäus, auch Simon der Zelot oder
Simon Zelotes (= der Eiferer, Lukas 6,15).

Simone   italienische Form von ➙ Simon.

Simri   hebräisch. Bedeutung: »mein Lob« oder »meine Musik«.
Simri war ein König von Israel, der nur sieben Tage
regierte (1 Könige 16,15–20).

Simson, Samson   hebräisch. Bedeutung: kleine Sonne.

Simson war ein Richter Israels und verfügte über ungewöhnliche Kräfte. Seine Geliebte Delila entlockte ihm das
Geheimnis seiner Kraft, das in seinem langen Haar be-
gründet lag. Sie schnitt Simson die Haare ab und lieferte
ihn dadurch an die Philister aus. Diese nahmen ihn gefangen, doch im Gefängnis wuchsen Simsons Haare nach,
und seine Kräfte kehrten zurück. Er brachte das Haus, in
dem sich alle befanden, zum Einsturz und riss so seine
Feinde mit in den Tod (Richter 13–16).

Stephanus, Stephan, Stefan   griechisch. Bedeutung: Kranz,
Krone.

Stephanus war der erste der sieben Diakone der urchristlichen Gemeinde von Jerusalem (Apostelgeschichte 6,5).
Zwar war er ein großartiger Prediger, geriet jedoch mit
den griechischsprachigen Juden der Stadt in Konflikt.
Diese warfen ihm vor, er hätte sich gegen das Gesetz
verschworen, und brachten ihn vor Gericht. In einer
Verteidigungsrede bekannte sich Stephanus zum christlichen Glauben, konnte seine Rede jedoch nicht zu Ende
bringen, sondern wurde zum Tode verurteilt und vor dem
Damaskus-Tor der Stadt Jerusalem gesteinigt (Apostelgeschichte 7,54–60).

Stoffel   Kurzform zu ➤ Christoph.

T

Tekoa   hebräisch. Bedeutung: Palisadenzaun.

Tekoa ist ein Ort, die Heimat des Propheten Amos
(Amos 1,1).

Teman hebräisch. Bedeutung: rechte Hand, Süden.

Teman war ein Sohn des Elifas (Genesis 36,11). In Job 2,11 wird Teman als Heimatort des Elifas genannt.

Terach, Terah hebräisch. Bedeutung: eventuell »wilde Ziege«.

Terach war der Vater des Abraham (Genesis 11,26).

Tewes Kurzform zu ➝ Matthäus.

Thaddäus griechische Form des aramäischen Taddaj. Bedeutung: der Mutige, Beherzte.

Thaddäus war einer der zwölf Apostel. Er wird als Fürsprecher bei aussichtslosen Situationen angerufen (Matthäus 10,3).

Theophilus latinisierte Form des griechischen Namens Theophilos. Bedeutung: Freund Gottes.

Der Evangelist Lukas widmet sein Evangelium und die Apostelgeschichte einem Mann namens Theophilus (Lukas 1,3 und Apostelgeschichte 1,1). Er war vermutlich eine Person von hohem Rang, eventuell ein römischer Senator oder Statthalter.

Thomas aramäisch. Bedeutung: Zwilling. Kurzformen: Tom, Tommy. Internationale Varianten: Tomas (schwedisch, spanisch), Tomaso (italienisch).

Thomas war einer der Apostel (Matthäus 10,3) und ist auch als der »ungläubige Thomas« bekannt. Diesen Beinamen erhielt er, weil er an der Auferstehung Jesu zweifelte und erst glaubte, als er die Wundmale des Auferstandenen berühren durfte (Johannes 20,24–29). Nach Christi Himmelfahrt soll Thomas nach Indien gegangen sein, um dort zu missionieren. Angeblich hat er dabei sogar die Heiligen Drei Könige getroffen. In Indien starb er schließlich den Märtyrertod. Thomas soll auch der Verfasser des Evangeliums sein, das 1945 im ägyptischen Nag Hamadi gefunden wurde.

Tim   Kurzform zu ➙ Timotheus.

Timäus, Timeus   latinisierte Form des griechischen Namens
Timaios. Bedeutung: Ehre.
Ein Timäus wird in Markus 10,46 erwähnt. Er ist der Vater
des blinden Bettlers, der von Jesus geheilt wird.

Timmy   Kurzform zu ➙ Timotheus.

Timofej   russische Form von ➙ Timotheus.

Timon   griechisch. Bedeutung: Ehre, Ansehen.
Timon war einer der sieben Diakone, die von den Aposteln
zur Führung der urchristlichen Gemeinde in Jerusalem
eingesetzt werden (Apostelgeschichte 6,5). Er starb bei
einer Missionsreise nach Korinth, wo er gekreuzigt wurde.

Timothée   französische Form von ➙ Timotheus.

Timotheus   griechisch. Bedeutung: der Gott ehrt. Kurzformen: Tim, Timmy. Internationale Varianten: Timothy
(englisch), Timothée (französisch), Timofej (russisch).
Timotheus war der Bischof von Ephesus und ein Schüler
und Gehilfe des Apostels Paulus. In dessen Auftrag reiste
Timotheus nach Griechenland, in die heutige Türkei sowie
in einige römische Provinzen. Auch zum ersten Apostel-
konzil in Jerusalem begleitete er Paulus. Der Legende nach
starb er den Märtyrertod, als er gegen ein ausschweifendes
heidnisches Fest protestierte. Er wurde in der Apostel-
kirche von Konstantinopel neben Andreas und Lukas
bestattet. Außerdem war Timotheus der Empfänger der
beiden Timotheus-Briefe im Neuen Testament.

Timothy   englische Form von ➙ Timotheus.

Tiras   hebräisch. Bedeutung: eventuell »Verlangen, Wunsch«.
Tiras war ein Sohn des Jafet und damit ein Enkel Noachs
(Genesis 10,2).

Titus   lateinisch. Bedeutung: geht auf den römischen
Geschlechternamen Titius zurück.

Titus war ein Gefährte des Paulus. Er wurde der erste Bischof von Kreta und war Empfänger des gleichnamigen Paulus-Briefes im Neuen Testament.

Tobias, Tobija   hebräisch. Bedeutung: Gott ist gütig. Kurzform: Toby.

Tobias ist die Hauptperson des Buches Tobit im Alten Testament. Er war der fromme Sohn eines erblindeten Vaters. Zusammen mit dem Engel Rafael – den er jedoch nicht erkannte – bestand er eine gefährliche Reise und heilte schließlich seinen Vater. Auch seine Ehefrau fand Tobias auf dieser Reise. Zwar stand diese unter einem bösen Fluch, wurde jedoch durch Rafael und die Verbindung mit Tobias gerettet.

Toby   Kurzform von ➙ Tobias.

Tom   Kurzform zu ➙ Thomas.

Tomas   schwedische und spanische Form von ➙ Thomas.

Tomasio   italienische Form von ➙ Thomas.

Tommy   Kurzform zu ➙ Thomas.

Toni   Kurzform zu ➙ Antonius.

U

Uli   Kurzform zu ➙ Ulrich.

Ulrich   althochdeutsch. Bedeutung: reiche, mächtige Heimat. Kurzform: Uli. Internationale Varianten: Ulrik (friesisch).

Der Bischof Ulrich von Augsburg (um 890–973) entstammte einem alemannischen Grafengeschlecht. Um seine Stadt gegen die Angriffe der Ungarn zu verteidigen, zog der Kirchenmann 955 sogar persönlich in den Kampf, bis ihn König Otto I. unterstützte und die Ungarn in der Schlacht auf dem Lechfeld endgültig besiegte. Später widmete sich Ulrich der Ausbildung des Klerus und gründete mehrere Klöster, darunter das Kloster Benediktbeuren und das Kanonissenstift St. Stephan in Augsburg. Sein Grab in der Kirche St. Ulrich und Afra in Augsburg ist bis heute eine viel besuchte Wallfahrtsstätte.

Ulrik   friesische Form von ➡ Ulrich.

Uri   hebräisch. Bedeutung: mein Licht.

Uri war der Vater des Bezalel, der später das heilige Zelt mit der Bundeslade und den heiligen Geräten anfertigte (1 Chronik 2,20). Ein weiterer Uri wird in Esra 10,24 als Torwächter erwähnt.

Uriel   hebräisch. Bedeutung: Gott ist mein Licht.

Uriel ist ein Leviter und der Vater des Usija (1 Chronik 6,9). Darüber hinaus ist Uriel der Name des Erzengels, welcher beim Weltgericht die Tore der Unterwelt öffnet und die Verstorbenen vor den Richterstuhl Gottes führt. Dieser wird jedoch in der Bibel selbst nicht erwähnt, nur im 4. Buch Esra, das zu den alttestamentlichen Apokryphen gehört.

Urija, Urias   hebräisch. Bedeutung: Licht ist der Herr.

Urija war ein Hetiter, mit dessen Frau Batseba König David Ehebruch beging. Danach schickte er den ahnungslosen Urija mit einem Brief zu seinem Heerführer Joab, in dem er Joab anwies, Urija beim Kampf in die vorderste Reihe zu stellen, sodass Urija ums Leben kam (2 Samuel 11).

Usiel   hebräisch. Bedeutung: Meine Kraft ist Gott.

Im Alten Testament treten mehrere Personen mit dem Namen Usiel auf: Einer war ein Sohn des Kehat (Exodus 6,18), ein weiterer ein Sohn des Jischi (1 Chronik 4,42), ein weiterer ein Sohn des Bela (1 Chronik 7,7).

Usija   hebräisch. Bedeutung: Meine Kraft ist Jahwe.
Usija war ein König von Juda (2 Könige 15,1-7).

Uz   hebräisch. Bedeutung: meine Kraft.
Uz ist ein Sohn des Sem (1 Chronik 1,17).

V

Valentin, Valentinus   lateinisch. Bedeutung: der Gesunde,
Starke.
Valentin war ein Bischof, der im umbrischen Terni wirkte.
Der Legende nach erlitt er am 14. Februar 270 den Märty-
rertod, weil er sich weigerte, einem heidnischen Gott zu
opfern. Der Valentinstag am 14. Februar wird in vielen
Ländern als Tag der Liebenden gefeiert, an dem man sich
Blumen schenkt oder Grußkarten schickt.

Victor   englische und französische Form von → Viktor.

Viktor, Victor   lateinisch. Bedeutung: Sieger. Internationale
Varianten: Victor (englisch, französisch), Vittorio (italienisch).
Viktor I. († 199) war ein Papst, der vermutlich aus Afrika
stammte. Ihm ist es zu verdanken, dass Ostern (im
Gegensatz zu Weihnachten) nicht an einem bestimmten
Datum, sondern an gleich bleibenden Wochentagen
mit dem Karfreitag als Todestag Jesu und dem darauf-
folgenden Sonntag als Auferstehungstag gefeiert wird.
Außerdem legte Viktor I. viel Wert auf gute Beziehungen
zum römischen Kaiser und konnte so die Freilassung
zahlreicher Christen erwirken.

Vinzenz, Vinzent, Vinzentius   lateinisch. Bedeutung: der
Siegende. Internationale Varianten: Vincenzo (italienisch).
Die katholische Kirche kennt mehrere Heilige mit dem

Namen Vinzenz. Bekannt sind vor allem Vinzenz von Paul (1581–1660) und Vinzenz Pallotti (1795–1850). Vinzenz von Paul stammte aus Frankreich und gründete die Orden der Vinzentiner (auch Lazaristen) und der Vinzentinerinnen (auch Barmherzige Schwestern), die sich besonders den Werken der Nächstenliebe und der Ausbildung des Klerus widmen.
Auch Vinzenz Pallotti war ein Ordensgründer. Der gebürtige Römer stiftete 1835 die Priestergemeinschaft der Pallottiner, acht Jahre später folgte die Schwesterngemeinschaft der Pallottinerinnen.

Vittorio italienische Form von → Viktor.

Y

Yannis griechische Form von → Johannes.

Z

Zacharias, Zachäus griechische Form des hebräischen Namens Sacharja. Bedeutung: der Herr hat sich erinnert. Internationale Varianten: Zacharie (französisch), Zachary (englisch).
Zacharias, ein Priester im Tempel von Jerusalem, war der Vater Johannes des Täufers und der Ehemann der Elisabeth. Die Ehe blieb kinderlos, und daher zweifelte Zacharias, als ihm der Erzengel Gabriel erschien und ihm die Geburt eines Sohnes ankündigte. Als Strafe für diese

Zweifel wurde er mit Stummheit gestraft. Erst nach der Geburt des Johannes fand er seine Sprache wieder (Lukas 1,5–25 und 57–80).

Vor Erscheinen des ÖVBE hieß in der katholischen Kirche auch der Prophet Sacharja aus dem Alten Testament Zacharias.

Zacharie französische Form von → Zacharias.

Zachary englische Form von → Zacharias.

Zachäus Nebenform zu → Zacharias.

Zadok hebräisch. Bedeutung: der Gerechte.

Im Alten Testament treten mehrere Personen mit diesem Namen auf, darunter der Hohepriester Israels während der Regierungszeit von David und Salomo. Salomo wurde von Zadok gesalbt (1 Könige 1,38–53).

Zalmon hebräisch. Bedeutung: schattig.

Zalmon war einer der Helden des Königs David (2 Samuel 23,28).

Zebedäus griechische Form von des hebräischen Namens Zebedija, die im Neuen Testament verwendet wird.

Bedeutung: Jahwe hat verliehen, geschenkt.

Zebedäus war der Vater der Apostel Jakobus und Johannes (Matthäus 4,21).

Zefanja hebräisch. Bedeutung: Jahwe hat versteckt.

Zefanja war ein Prophet im Alten Testament und der Verfasser des gleichnamigen Buches. Mit seinen Worten griff er die herrschende Schicht in Juda sowie die Philister und Assyrer an.

Zidkija hebräisch. Bedeutung: Gerechtigkeit Jahwes.

Zidkija war der letzte König von Juda (2 Könige 24,17).

Zuriel hebräisch. Bedeutung: Mein Fels ist Gott.

Zuriel war das Familienoberhaupt der Sippen der Merariter zur Zeit des Auszugs aus Ägypten (Numeri 3,35).

Die schönsten biblischen Vornamen für Mädchen

Sie erwarten ein Mädchen? Auf den folgenden Seiten finden Sie die schönsten biblischen Mädchennamen – von Abigajil bis Zippora.

A

Abigajil, Abigail   hebräisch. Bedeutung: Vaterfreude, Quell der Freude. Kurzform: Abby, Gail (englisch).
Im Alten Testament war Abigajil die schöne und kluge Frau des Nabal. Nach dessen Tod wurde sie die Frau des Königs David (1 Samuel 25,1–44).

Abischag   hebräisch. Bedeutung: Mein Vater irrt umher.
Abischag war die Frau, die König David in seinen letzten Lebenswochen pflegte. Nach Davids Tod wurde sie von dessen Sohn Adonja begehrt, doch Salomo, der rechtmäßige Herrscher Israels, ließ Adonja ermorden (1 Könige 1–2).

Abital   hebräisch. Bedeutung: Mein Vater ist der Abendtau.
Im Alten Testament war Abital die fünfte Frau Davids (2 Samuel 3,4).

Abra   hebräisch, weibliche Form von ➞ Abraham.
Bedeutung: Mutter der Menge.

Ada   hebräisch. Bedeutung: die (vom Herrn) Geschmückte.
In der Bibel finden sich zwei Frauen namens Ada.
In Genesis 4,19–21 wird eine Ada als erste Frau des Lamech erwähnt. Auch die Frau des Esau hieß Ada (Genesis 36,4).

Adriana, Adriane lateinisch. Bedeutung: die aus Hadria Stammende. Internationale Varianten: Adrienne (englisch, französisch).

Adriana († 1292) trat schon in jungen Jahren in das Kloster im italienischen Cortona ein. Sie galt als fromme und liebevolle Schwester, deren Gebet Wunder wirken konnte, und war weit über die Grenzen ihres Klosters hinaus bekannt.

Agnes griechisch. Bedeutung: die Keusche, Reine. Internationale Varianten: Agnese (italienisch).

Über das Leben der hl. Agnes († um 258/259 oder 304) ranken sich zahlreiche Legenden. Sie soll die Tochter vermögender Christen gewesen sein und alle Heiratsanträge abgelehnt haben, mit dem Hinweis, sie sei bereits verlobt und ihr Bräutigam sei Jesus Christus. Daraufhin wurde Agnes vor Gericht gestellt und in ein Freudenhaus gebracht, doch ihr langes Haar bedeckte ihre Blöße. Als einer ihrer verschmähten Liebhaber sie im Bordell besuchte, soll er tot umgefallen sein. Agnes holte ihn mit einem Gebet ins Leben zurück, doch er bezichtigte sie der Zauberei. Dafür wurde sie schließlich zum Tode verurteilt.

Anastasia griechisch. Bedeutung: Auferstehung.

Anastasia von Sirmium († 304) war die Tochter eines Heiden und einer Christin. Nach dem Tod ihres Ehemanns kümmerte sie sich um Christen in römischen Gefängnissen. Als ihr Lehrer Chrysogonus wegen seines Glaubens zum Tode verurteilt wurde, begleitete Anastasia ihn zu seiner Hinrichtung und wurde selbst festgenommen. In Sirminum im heutigen Kroatien kerkerte man sie ein und verbrannte sie später. Heute ist die Märtyrerin eine der meistverehrten Heiligen.

Angela, Angelika griechisch-lateinisch. Bedeutung: Engel, die Engelhafte. Nebenformen: Angelia. Internationale Varianten: Angélique (französisch), Angelina (italienisch, spanisch).

Die Italienerin Angela Merici (um 1474–1540) gründete 1535 die »Gesellschaft der hl. Ursula« (auch Ursulininnen), die sich hauptsächlich der Erziehung und Unterrichtung der weiblichen Jugend widmet.

Anna, Anne griechische Form des hebräischen Namens Hanna. Bedeutung: Gott war gnädig. Koseformen: Anni, Annie, Anny. Internationale Varianten: Ana (spanisch), Anja (russisch), Anka (niederdeutsch, slawisch), Anke (niederdeutsch, friesisch), Ann (englisch), Annette (französisch).

Nach dem apokryphen Protoevangelium des Jakobus war Anna die Mutter der Maria und somit die Großmutter Jesu. Ihre Tochter Maria soll sie erst nach 20-jähriger kinderloser Ehe geboren haben. In den vier kanonischen Evangelien wird jedoch nichts über Marias Herkunft verraten.

Alina russische Form von ➜ Helena.

Aphia griechische Form eines hebräischen Vornamens. Bedeutung: eventuell »die Wachsende«.

Eine Frau namens Aphia wird im Brief des Paulus an Philemon erwähnt (Philemon 1,2).

Asenat ägyptisch. Bedeutung: Sie gehört ihrem Vater. Asenat war der Name der ägyptischen Frau des Josef (Genesis 41,45).

Asuba hebräisch. Bedeutung: die Verlassene. Asuba war die Ehefrau des Kaleb (1 Chronik 2,18).

Atalja hebräisch. Bedeutung: Gott ist hochgesinnt. Atalja war die Tochter des Ahab und die Frau von Joram, dem König von Juda (2 Könige 11,1–20).

Atara   hebräisch. Bedeutung: Krone.
Atara wird im Alten Testament als Ehefrau des
Jerachmeel erwähnt (1 Chronik 2,26).

B

Barbara   griechisch. Bedeutung: die Fremde. Kurzformen:
Bärbel, Barbi, Barbla. Erweiterte Formen: Barberina,
Barberine. Internationale Varianten: Barbe (französisch),
Barbro (schwedisch).
Die hl. Barbara († 306) gehört zu den beliebtesten
Heiligen. Sie lebte vermutlich in Nikomedien, doch um
ihre Lebensgeschichte ranken sich viele Legenden. So soll
sie von ihrem Vater zur Strafe, weil sie sich taufen ließ, in
einen Turm gesperrt worden sein. Barbara ließ sich nicht
zu einer Ehe mit einem ihrer zahlreichen heidnischen
Verehrer zwingen und bekannte sich vehementer zu ihrem
Glauben. Wutentbrannt brachte ihr Vater sie daraufhin
vor Gericht, ließ sie geißeln und schließlich hinrichten.
Daraufhin soll er der Legende nach vom Blitz erschlagen
worden sein. Auch heute noch ist mit Barbaras Geschichte
ein beliebter Brauch verbunden: So schneidet man an
ihrem Festtag, dem 4. Dezember, Zweige von Obstbäumen
ab und stellt sie ins Wasser – bis Weihnachten blühen sie
dann. Grundlage dieses Brauches ist die Tatsache, dass
Barbara auf dem Weg zu ihrem Gefängnis angeblich mit
ihrem Kleid an einem Zweig hängen blieb und so diesen
mit in ihre Zelle nahm.
Basemat, Baschemat, Basmat   hebräisch. Bedeutung: Duft.
Basemat war eine Frau des Esau (Genesis 26,34).

Batseba   hebräisch. Bedeutung: Tochter der Fülle.
Batseba war die Frau des Hetiters Urija. David entdeckte
sie vom Dach seines Hauses aus und verführte sie. Sie
wurde schwanger. Schließlich ließ er ihren Ehemann in
einer Schlacht töten. Daraufhin ließ Gott das Kind von
David und Batseba krank werden. Es starb. Doch Batseba
bekam ein zweites Kind: den späteren König Salomo
(2 Samuel 11,1–27).

Beatrice   italienische Form von ➜ Beatrix.

Béatrice   französische Form von ➜ Beatrix.

Beatrix   lateinisch. Bedeutung: die Glückliche. Kurzformen:
Trix, Trixa, Trixi. Internationale Varianten: Beatrice
(italienisch), Béatrice (französisch).
Beatrix da Silva Meneses (1424–1490) war die Gründerin
des Ordens der Konzeptionistinnen, der besonders in den
romanischen Ländern und in Südamerika verbreitet ist.
Sie wurde in Marokko geboren und lebte 30 Jahre im
Zisterzienserkloster von Toledo – jedoch ohne jemals das
Gelübde abzulegen. 1484 gründete sie dann den Orden
der Konzeptionistinnen, der auch »Orden von der unbe-
fleckten Empfängnis« genannt wird. 1920 wurde Beatrix
heiliggesprochen.

Becki, Becky   Kurzformen zu ➜ Rebekka.

Bergit, Bergita, Berit   Nebenformen zu ➜ Birgitta.

Berit   Nebenform zu ➜ Brigitte.

Bernadette   französisch. Bedeutung: starke Bärin.
Bernadette Soubirous (1844–1879) war die Tochter eines
armen Müllers im französischen Lourdes. Schon als Kind
zeichnete sie sich durch große Frömmigkeit aus. Als sie
14 Jahre alt war, erschien ihr in der Grotte Masabielle
insgesamt 18 Mal die Jungfrau Maria und forderte sie auf,
an jener Stelle eine Kirche zu errichten. In der Grotte

entsprang auch eine Quelle, durch deren Wasser in der Folgezeit zahlreiche Kranke geheilt wurden. Bernadette Soubirous trat einige Jahre später in ein Kloster ein und kümmerte sich dort um Kranke. 1933 wurde sie heiliggesprochen. Auch heute noch pilgern jedes Jahr unzählige Menschen nach Lourdes und erhoffen sich dort Heilung von ihren körperlichen und seelischen Leiden.

Bess, Bessie, Bessy   englische Kurzformen zu → Elisabet.

Bet-El, Bethel   hebräisch. Bedeutung: Gotteshaus.

Bet-El ist eine Stadt nördlich vor Jerusalem. Dort hatte Jakob seinen berühmten Traum, in dem er eine Treppe sah, die auf der Erde stand und bis zum Himmel reichte. Auf ihr stiegen Engel Gottes auf und nieder. Daraufhin gab Jakob dem Ort den Namen Bet-El (Genesis 28,11–19).

Bethli, Bethly   schweizerische Koseformen zu → Elisabet.

Betsy   englische Kurzform zu → Elisabet.

Betta, Bette, Betti   Kurzformen von → Elisabet.

Bettina   erweiterte Form zu → Elisabet.

Betty   Kurzform von → Elisabet.

Bianca   italienische Form von → Blanka.

Bibiana, Bibiane   lateinisch. Bedeutung: die Lebendige.

Nebenformen: Viviana, Viviane. Internationale Varianten: Vivien (englisch).

Bibiana lebte in der Mitte des 4. Jahrhunderts in Rom und war die Tochter eines Präfekten, in dessen Haus verfolgte Christen Zuflucht fanden. Zusammen mit ihren Eltern und Geschwistern wurde sie schließlich gefangen genommen und getötet. Bibiana wurde nur 15 Jahre alt.

Bilha   hebräisch. Bedeutung: die Schüchterne, Scheue.

Bilha war eine Magd, die Jakob von seiner Frau Rahel erhalten hatte. Sie war die Mutter von Dan und Naftali (Genesis 46,23–25).

Bina, Bine   Kurzformen zu ➞ Sabina.

Birgit   Kurzform zu ➞ Birgitta.

Birgitta   schwedisch. Bedeutung: Helferin. Kurzform: Birgit.
Nebenformen: Bergit, Bergita, Berit, Brit, Britt, Britta.
Birgitta von Schweden (1302/1303–1373) war eine Ordens-
gründerin und Mystikerin, die bereits als Kind Christus-
visionen hatte. Mit 13 Jahren heiratete sie den Adeligen
Ulf Gudmarsson und gebar ihm acht Kinder. 1342 pilgerte
sie mit ihrem Gatten zum Grab des heiligen Jakob in
Santiago de Compostela. Bald nach ihrer Rückkehr nach
Schweden starb Ulf. Nun verstärkten sich Birgittas
Visionen, die ihr nahelegten, ihr Leben in den Dienst
Gottes zu stellen. Daher gründete sie den Birgittinnen-
orden, eine Doppelgemeinschaft von Nonnen und Mönchen.

Bitja   hebräisch. Bedeutung: Jahwes Tochter.
Bitja war eine Tochter des Pharaos, die Mered, einen Sohn
Esras heiratete (1 Chronik 4,17).

Blanche   französische Form von ➞ Blanka.

Blanka   spanisch. Bedeutung: die Weiße. Internationale
Varianten: Bianca (italienisch), Blanche (französisch).
Blanka war eine spanische Prinzessin und wurde 1200 im
Alter von zwölf Jahren mit dem späteren König Ludwig
VIII. von Frankreich vermählt. Nach dessen frühem Tod
führte sie selbst das Reich, bis ihr Sohn, der spätere
Ludwig IX., alt genug war, um selbst die Regentschaft zu
übernehmen. Zusammen mit seiner Mutter unterstützte er
Kirchen und Klöster und sah seine Regentschaft als
christliche Mission. Blanka selbst starb 1252 im Kloster
Maubuisson, das sie selbst gegründet hatte.

Bridget   englische Form von ➞ Brigitte.

Briga   Kurzform zu ➞ Brigitte.

Brigga   Kurzform zu ➞ Brigitte.

Brigida, Brigide   latinisierte Form von ➙ Brigitte.

Brigitte, Brigitta   keltisch. Bedeutung: die Erhabene. Kurzformen: Briga, Brigga, Gitta, Gitte, Gitti. Nebenform:
Berit. Internationale Varianten: Bridget (englisch),
Brigida, Brigide (latinisiert).
Die Irin Brigitta (auch Brigida) von Kildare (um 453–523)
wurde der Legende nach vom hl. Patrick getauft und trat
schon in jungen Jahren in ein Kloster ein. In der Folgezeit
gründete sie auch selbst mehrere Klöster, unter anderem
in Kildare, dessen Äbtissin sie wurde. Schon zu Lebzeiten
wurde sie in ganz Europa verehrt. Zahlreiche Kranke soll
Brigitta allein durch die Kraft des Gebetes geheilt haben.
Ihre große Sorge galt unehelichen Kindern, da sie früh
erkannte, dass es diese im Leben besonders schwer haben.

Brit, Britt, Britta   Nebenformen zu ➙ Birgitta.

C

Cäcilia, Cäcilie, Zäzilia, Zäzilie   lateinisch. Bedeutung: geht
auf den römischen Geschlechternamen der Cäcilier
zurück. Kurzformen: Zilla, Zilly. Internationale Varianten:
Cécile (französisch), Cecilia (italienisch), Cecily (englisch),
Sile (irische Kurzform), Silja (skandinavische Kurzform),
Silje (friesische Kurzform), Silka, Silke (niederdeutsche
Kurzformen).
Über das Leben der Märtyrerin Cäcilia (✝ um 230)
berichten nur Legenden. Angeblich stammte sie aus einer
römischen Patrizierfamilie und bekehrte ihren Verlobten
zum Christentum. Zusammen mit ihm wurde sie wegen
ihres Glaubens getötet.

Caitlin irische Form von → Katharina.

Caterina italienische Form von → Katharina.

Catherine englische Form von → Katharina.

Cathérine französische Form von → Katharina.

Cathleen irische Form von → Katharina.

Catriona schottische Form von → Katharina.

Cécile französische Form von → Cäcilia.

Cecilia italienische Form von → Cäcilia.

Cecily englische Form von → Cäcilia.

Celia Kurzform zu → Marcella.

Celina Kurzform zu → Marcella.

Chiara italienische Form von → Klara.

Claire französische Form von → Klara.

Clarina, Clarissa erweiterte Formen zu → Klara.

Clarita spanische Koseform zu → Klara.

Chloe griechisch. Bedeutung: erster Pflanzentrieb, junger Keim, junges Mädchen.

Chloe war eine reiche Frau aus Korinth oder Ephesus, vermutlich eine Christin (1 Korinther 1,11).

Christiana, Christiane, Christine, Christina lateinisch. Bedeutung: Christin. Nebenformen: Kristiane, Kristiane, Kristine, Kristina.

Christiana wurde um 300 in Kappadokien geboren und soll eine Sklavin gewesen sein. Sie geriet in Kriegsgefangenschaft bei Kaiser Konstantin und bekehrte dort viele Menschen zum Christentum. Als eines Tages Nana, die Frau des kaiserlichen Statthalters, schwer erkrankte, ließ dieser Christiana an seinen Hof holen, da er sich Heilung durch ihre Gebete erhoffte. Und tatsächlich: Nana wurde wieder gesund und bekannte sich daraufhin zum christlichen Glauben.

Clara Nebenform zu → Klara.

Coletta Nebenform zu ➙ Nicoletta.

Colette französische Koseform zu ➙ Nicoletta.

Cordula, Kordula lateinisch. Bedeutung: Herzchen.
Die Märtyrerin Cordula († 304) war eine Gefährtin der heiligen Ursula. Sie konnte zunächst dem Tod durch die Hunnen entgehen, indem sie sich versteckte, stellte sich jedoch am nächsten Tag freiwillig den Hunnen und erlitt wie Ursula und ihre anderen Gefährtinnen das Martyrium.

Corona, Korona lateinisch. Bedeutung: Kranz, Krone.
Corona war eine Märtyrerin, die vermutlich aus Ägypten oder Syrien stammte und im 2. Jahrhundert für ihren Glauben hingerichtet wurde. Sie wurde nur 16 Jahre alt.

D

Dalila, Dalilah Nebenformen zu ➙ Delila.

Damaris griechisch. Bedeutung: Kalb.
Damaris war eine Frau aus Athen, die sich vom Apostel Paulus zum Christentum bekehren ließ (Apostelgeschichte 17,34).

Dana, Dany Kurzformen von ➙ Daniela.

Daniela hebräisch, weibliche Form von ➙ Daniel.
Bedeutung: Mein Richter ist Gott. Kurzform: Dana, Dany. Internationale Varianten: Daniella (italienisch), Danielle (französisch), Danila (slawisch), Danja (slawische Koseform).

Daniella italienische Form von ➙ Daniela.

Danielle französische Form von ➙ Daniela.

Danila slawische Form von ➙ Daniela.

Danja slawische Koseform zu ➙ Daniela.

Davida, Davina   hebräisch, weibliche Form von ➜ David.
Bedeutung: die Geliebte, Liebende.

Debbie   Kurzform zu ➜ Debora.

Debora, Deborah   hebräisch. Bedeutung: Biene, die Fleißige.
Kurzformen: Debbie, Debra (englisch).
Debora war eine Richterin und Prophetin in Israel. Sie
nahm am Krieg gegen die wieder erstarkten Kanaanäer
teil und forderte deren Heerführer Barak zum Kampf
heraus. Ihre Truppen waren dem Feind zwar zahlenmäßig
unterlegen, doch dank Deborahs Klugheit und ihrer
geschickten Kampfkunst gelang den Israeliten der Sieg,
der im Deborahlied (Richter 5,1–31) gefeiert wird.

Debra   Kurzform zu ➜ Debora.

Delila, Delilah, Dalila, Dalilah   hebräisch. Bedeutung: die
Sehnende.
Delila lieferte ihren Geliebten, den israelischen Richter
Simson, den Philistern aus. Dies gelang ihr, nachdem sie
ihm das Geheimnis seiner gewaltigen Kraft entlockte. Sein
Haar, welches noch nie geschnitten worden war, verlieh
ihm diese Kraft. Daraufhin schnitt sie Simson im Schlaf das
Haar ab, sodass er machtlos war (Richter 16,4–22). Was
nach Simsons Verhaftung mit Delila geschah, ist nicht
bekannt. Noch heute gilt Delila als Symbolgestalt für die
weibliche List, die Männern zum Verhängnis werden kann.

Dina   hebräisch. Bedeutung: eine, der zum Recht verholfen
worden ist.
Dina ist die einzige Tochter von Jakob und Lea, die in der
Bibel namentlich erwähnt wird (Genesis 34). Sie gefiel
dem Sichem, einem Fürstensohn aus Kanaan, so sehr, dass
er sie entführte und vergewaltigte. Danach bat Sichem
Dinas Vater Jakob darum, sie heiraten zu dürfen. Dieser
willigte nur unter der Bedingung ein, dass alle Männer

aus der gleichnamigen Stadt Sichem beschnitten würden. Drei Tage nach der Beschneidung überfielen zwei Brüder von Dina die Stadt, töteten alle Einwohner und tilgten so die Schmach, die ihre Schwester erlitten hatte.

Dolores lateinisch. Bedeutung: Schmerzen. Koseform: Lola (spanisch).

Der Name Dolores geht auf die sieben Schmerzen der Gottesmutter Maria zurück, die im Einzelnen sind: die Leidensweissagung des Simeon im Tempel, die Flucht nach Ägypten, das Verlieren des zwölfjährigen Jesus bei der Tempelwallfahrt, die Begegnung mit Jesus auf dem Kreuzweg, das Verbleiben unter dem Kreuz, die Kreuzesabnahme und die Grablegung Jesu. An diese sieben Schmerzen erinnert ein Festtag am 15. September.

Dorkas griechisch. Bedeutung: Gazelle.

Im Neuen Testament ist Dorkas die Übersetzung des hebräischen Namens Tabita (Apostelgeschichte 9,36).

Dorota polnische und tschechische Formen von ➞ Dorothea.

Dorotea italienische Form von ➞ Dorothea.

Dorothea griechisch. Bedeutung: Gottesgeschenk. Kurzformen: Dorte, Dörte, Dortje, Doortje, Dorrit (englisch). Internationale Varianten: Dorota (polnisch, tschechisch), Dorotea (italienisch), Dorothée (französisch), Dorothy (englisch).

Um Dorotheas (✝ um 304/305) Leben ranken sich zahlreiche Legenden. So soll in der römischen Provinz Kappadokien der Christenverfolgung unter Diokletian zum Opfer gefallen sein. Auf dem Weg zu ihrer Hinrichtung soll sie von einem Heiden namens Theophilus verhöhnt worden sein, welcher sie bat, ihm drei Rosen und Äpfel aus dem Paradies zu senden, wenn sie dort angekommen sei. Nach ihrer Enthauptung, die im tiefsten Winter stattfand, erhielt Theophilus von einem Knaben (oder Engel) einen Korb, in dem sich genau drei Rosen und Äpfel befanden. Daraufhin war er so erschüttert, dass er sich taufen ließ.

Dorothée französische Form von → Dorothea.

Dorothy englische Form von → Dorothea.

Dorte, Dörte, Dortje, Doortje, Dorrit englische Kurzformen zu → Dorothea.

Drusilla Koseform zum römischen Familiennamen Drusus. Bedeutung unklar.

In Apostelgeschichte 24,24 wird eine Jüdin namens Drusilla als Frau des Felix erwähnt.

E

Eden hebräisch. Bedeutung: Schönheit. Auch männlicher Vorname.

Der Garten Eden war das Paradies, in das Gott Adam hineinsetzte, damit er ihn bebaue und hüte (Genesis 2,15).

Edna hebräisch. Bedeutung: Wonne, Entzücken.

Im Buch Tobit wird Edna als Frau des Raguel erwähnt (Tobit 7–10).

Efrata hebräisch. Bedeutung: fruchtbarer Ort.

Efrata war eine der Ehefrauen des Kaleb (1 Chronik 2,19). Auch der Ort, an dem Rahel bestattet wurde, hieß Efrata und wurde später als Bethlehem bekannt (Genesis 35,19).

Eileen, Eilene irische Form von → Helena.

Ekaterina russische Form von → Katharina.

Ela Kurzform zu → Elisabet.

Elaine   englische und französische Form von ➙ Helena, Helene.

Elena   bulgarische, griechische, italienische, spanische, rumänische und russische Form von ➙ Helena.

Elin   schwedische Form von ➙ Helena.

Elina   finnische Form von ➙ Helena.

Elisa, Elise   Kurzformen zu ➙ Elisabet.

Elisabet, Elisabeth, Elisabetha   griechische Form des hebräischen Elischeba. Bedeutung: Gott ist die Fülle, Gott hat geschworen. Kurzformen: Ela, Elisa, Elise, Ella, Elli, Elly, Elsa, Elsbeth, Else, Betta, Bette, Betti, Betty, Lis, Lisa, Lise. Erweiterte Form: Bettina. Internationale Varianten: Elizabeth (englisch), Bess, Bessie, Bessy, Betsy (englische Kurzformen), Elsabe, Elsbe, Elsebe (niederdeutsch), Elscha, Elsche (niederdeutsch-ostfriesisch), Bethli, Bethly (schweizerische Kurzformen).

Elisabet war die Mutter Johannes des Täufers und eine Verwandte der Gottesmutter Maria. Ihre Ehe mit Zacharias war lange kinderlos geblieben, bis ihrem Mann eines Tages der Erzengel Gabriel erschien und ihm die Geburt eines Sohnes ankündigte (Lukas 1,5–25). Maria und Elisabeth begegneten sich während ihrer Schwangerschaften, und Elisabeth begrüßte die Gottesmutter mit den Worten: »Gesegnet bist du mehr als alle anderen Frauen und gesegnet ist die Frucht deines Leibes« (Lukas 1,42).

Elischeba   ursprüngliche hebräische Form von ➙ Elisabeth.

Elizabeth   englische Form von ➙ Elisabet.

Ella   Kurzform zu ➙ Elisabet.

Ellen   englische Form von ➙ Helena.

Elli, Elly   Kurzformen zu ➙ Elisabet.

Elsa   Kurzform zu ➙ Elisabet.

Elsabe, Elsbe, Elsebe   niederdeutsche Formen von ➙ Elisabet.

Elsbeth   Kurzform zu ➝ Elisabet.

Elscha, Elsche   niederdeutsch-ostfriesische Form von
➝ Elisabet.

Else   Kurzformen zu ➝ Elisabet.

Emanuela   hebräisch, weibliche Form von ➝ Immanuel.
Bedeutung: Gott ist mit uns.

Emi   Kurzform zu ➝ Emilia.

Emilia, Emilie   lateinisch. Bedeutung: geht zurück auf den
altrömischen Geschlechternamen der Aemilier. Kurzformen: Emi, Emy, Emmi, Emmy. Erweiterte Form:
Emiliana. Internationale Varianten: Emily (englisch).
Emilia war eine nahe Verwandte von Papst Gregor dem
Großen und verteilte ihren Besitz an arme Mönche. Über
ihr Leben ist wenig bekannt, doch sie soll Ende des 6. Jahrhunderts in einem sizilianischen Kloster gestorben sein.

Emiliana   erweiterte Form zu ➝ Emilia.

Emily   englische Form von ➝ Emilia.

Emmi, Emmy   Kurzformen zu ➝ Emilia.

Emy   Kurzform zu ➝ Emilia.

Ester, Esther   persisch Herkunft. Bedeutung: Stern. Internationale Varianten: Hester (englisch).
Ester (hebräisch Hadassa) ist die Hauptfigur des gleichnamigen Buches im Alten Testament. Sie war die Pflegetochter und Nichte des Mordechai in Susa und wurde vom
persischen König Artaxerxes zur Frau erwählt. Später
löste Mordechai beinahe die Ausrottung der Juden in
Persien aus, als er sich weigerte, vor Haman, einem
Günstling des Königs, niederzuknien. Ester konnte dies in
letzter Sekunde verhindern, und die Juden erhielten nun
ihrerseits die Erlaubnis, sich an ihren Feinden zu retten.

Eunike, Eunice   griechisch. Bedeutung: guter Sieg.
Eunike war die Mutter des Timotheus (2 Timotheus 1,5).

Eva, Eve hebräisch. Bedeutung: die Lebensspenderin. Kurzform: Evi. Internationale Varianten: Eve (englisch, französisch).
Eva war die erste Frau auf der Erde und wurde aus einer Rippe Adams geschaffen (Genesis 3,20). Nachdem sie beide Früchte vom verbotenen Baum gegessen hatten, wurden Adam und Eva aus dem Garten Eden vertrieben. Später brachte Eva die Söhne Kain, Abel und Set sowie weitere Söhne und Töchter zur Welt (Genesis 3–5).

Eve englische und französische Form von → Eva.

Evi Kurzform zu → Eva.

F

Fanni, Fanny Kurzformen zu → Franziska.

Felicia italienische Form von → Felicitas.

Felicitas, Felizitas lateinisch. Bedeutung: Glück, Fruchtbarkeit. Internationale Varianten: Felicity (englisch), Felicia, Felizia (italienisch).
Felicitas war eine römische Christin, die im 2. Jahrhundert den Märtyrertod erlitt. Gemeinsam mit ihren sieben Söhnen Januarius, Felix, Martialis, Philipp, Silvanus, Vitalis und Alexander wurde sie wegen ihres Glaubens vor Gericht gestellt. Obwohl ihre Söhne vor ihren Augen zu Tode gefoltert wurden, ermahnte Felicitas sie immer wieder zur Standhaftigkeit. Auch sie selbst wurde schließlich hingerichtet.

Felizia italienische Form von → Felicity.

Ferike ungarische Form von → Franziska.

Frances englische Form von → Franziska.

Francesca   italienische Form von → Franziska.

Francisca   spanische Form von → Franziska.

Franciska, Frantiska   slawische Formen von → Franziska.

Françoise   französische Form von → Franziska.

Franzi   Kurzform zu → Franziska.

Franziska   lateinisch. Bedeutung: die Französin. Kurzformen: Fanni, Fanny, Franzi, Ziska, Zissy. Internationale
Varianten: Ferike (ungarisch), Frances (englisch),
Francesca (italienisch), Francisca (spanisch), Franciska,
Frantiska (slawisch), Françoise (französisch), Siska
(schwedische Kurzform).
Die hl. Francesca (1384–1440) lebte in Rom und wollte
schon als kleines Kind Nonne werden, doch ihr Vater
verheiratete sie bereits als Elfjährige. So war Francesca
40 Jahre lang Ehefrau und Mutter von sechs Kindern.
Als Rom von der Pest heimgesucht wurde, kümmerte sie
sich um die Kranken und richtete in ihrem Palast ein
Krankenhaus für Arme und Obdachlose ein. Nach dem
Tod ihres Mannes wurde Francesca von ihrer Schwiegertochter aus dem Haus getrieben. Sie wurde Nonne und
gründete den weiblichen Zweig des Olivetanerordens, der
nach der Benediktinerregel lebte.

G

Gabi   Kurzform zu → Gabriela.

Gabriela, Gabriele   hebräisch, weibliche Formen von
→ Gabriel. Bedeutung: Frau Gottes. Kurzformen: Gabi,
Gaby. Internationale Varianten: Gabriella (italienisch),
Gabrielle (französisch).

Gabriella italienische Form von → Gabrielle.

Gabrielle französische Form von → Gabriele.

Gaby Kurzform zu → Gabriela.

Geneviève französische Form von → Genoveva.

Genoveva, Genovefa gallisch. Bedeutung: Frau des Adels. Internationale Varianten: Geneviève (französisch). Die hl. Genoveva (422–502), geboren in Paris, soll ihre Heimatstadt gleich zweimal gerettet haben: 451 soll sie allein durch ihre Fürbitten die Hunnen abgehalten haben, später schmuggelte sie Nahrungsmittel in die von Franken eingeschlossene Stadt. Seitdem gilt sie als Schutzpatronin von Paris.

Gerta, Gerti Kurzformen zu → Gertrud.

Gertraud, Gertraude Nebenformen zu → Gertrud.

Gertrud, Gertrude, Gertrudis althochdeutsch. Bedeutung: Speer und Kraft, Stärke. Kurzformen: Gerda, Gerti, Trude, Trudi. Nebenformen. Gertraud, Gertraude. Gertrud von Helfta (1256–1302) war eine der größten deutschen Mystikerinnen und förderte im Mittelalter entscheidend die Herz-Jesu-Verehrung. Sie empfing zahlreiche Visionen, in denen sie sich mit Jesus auf das Innigste verbunden fühlte. Diese Erlebnisse schrieb sie in lateinischer Sprache nieder.

Gila Kurzform zu → Gisela.

Gilla schwedische Form zu → Gisela.

Gillian englische Form zu → Juliana.

Giovanna italienische Form von → Johanna.

Gisela althochdeutsch. Bedeutung: von germanisch *gisa(l)* »Sprofs« oder althochdeutsch *gisal* »Geisel«. Kurzform: Gila. Internationale Varianten: Gilla (schwedisch), Giselle, Gisèle (französisch). Gisela (um 985–1060) stammte aus einer bayerischen

Herzogsfamilie und wurde schon in jungen Jahren mit dem ungarischen König Stephan I. vermählt. Gemeinsam mit ihm bemühte sie sich, das ungarische Reich zu christianisieren. Nach dem Tod ihres Mannes wurde sie von der heidnischen Nationalpartei gefangen genommen, wurde später jedoch auf Geheiß des Königs Heinrich III. befreit. Daraufhin trat sie in das Kloster Niedernburg in Passau ein, dessen Äbtissin sie später wurde.

Giselle, Gisèle   französische Form von ➙ Gisela.

Giulia   italienische Form von ➙ Julia.

Giuliana   italienische Form von ➙ Juliana.

Gomer   hebräisch. Bedeutung: die Vollständige. Auch männlicher Vorname.
Gomer war die Frau des Propheten Hosea und eine ehemalige Prostituierte (Hosea 1–8).

Greta, Grete   Kurzformen zu ➙ Margaretha.

Gretchen, Gretel, Gretha   Kurzformen zu ➙ Margaretha.

Grit, Grita, Gritta   Kurzformen zu ➙ Margaretha.

H

Hadassa   hebräisch. Bedeutung: Myrthe.
Hadassa war der hebräische Name der persischen Königin Ester im Alten Testament (Ester 2,7).

Hagar   hebräisch. Bedeutung: eventuell »Flucht«.
Hagar war die Geliebte des Abraham und die Mutter von Ismael, dem Stammvater der Ismaeliter. Nachdem Abrahams Frau Sara endlich selbst ein Kind geboren hatte, ließ sie Hagar und Ismael in die Wüste schicken. Gott hörte jedoch ihr Klagen und rettete sie (Genesis 21,9–21).

Halina   polnische Form von ➙ Helena.

Hana   tschechische und polnische Form von ➙ Hanna.

Hanka   slawische Form von ➙ Hanna.

Hanna, Hannah   hebräisch. Bedeutung: Gott war gnädig. Nebenform: Hanne. Internationale Varianten: Hana (tschechisch, polnisch), Hanka (slawisch).

Hanna war die Mutter des Samuel. Sie blieb lange kinderlos und ging deshalb zum Gebet in den Tempel von Schilo. Da sie nur stumm die Lippen bewegte, hielt der Priester Eli sie für betrunken und sprach sie barsch an. Doch Hanna erklärte ihm ihr Problem, und Eli versprach ihr, dass Gott ihren Wunsch erfüllen werde. Als Samuel geboren wurde, weihte Hanna ihren Sohn Gott (1 Samuel 1,1–28).

Hanna   Kurzform zu ➙ Johanna.

Hanne   Nebenform zu ➙ Hanna und Kurzform zu ➙ Johanna.

Hanni   Kurzform zu ➙ Johanna.

Hansi   Kurzform zu ➙ Johanna.

Heda, Hedda   nordische Form von ➙ Hedwig.

Hedi, Hede   Kurzformen zu ➙ Hedwig.

Hedvig   skandinavische Form von ➙ Hedwig.

Hedwig   althochdeutsch. Bedeutung: Kampf, Streit. Kurzformen: Hede, Hedi, Hedy. Internationale Varianten: Heda, Hedda (nordisch), Hedvig (skandinavisch), Jadwiga (polnisch).

Die Herzogin Hedwig von Schlesien (1174–1243) wurde im bayerischen Andechs als Tochter eines Grafen geboren und im Benediktinerkloster Kitzingen erzogen. Im Alter von 13 Jahren vermählte man sie mit Herzog Heinrich I. von Schlesien. Zeit ihres Lebens zeichnete sie sich durch große Frömmigkeit und soziales Engagement aus.

Außerdem stiftete sie mehrere Spitäler sowie das Zisterzienserinnenkloster Trebnitz.

Hedy   Kurzform zu ➜ Hedwig.

Hefzi-Bah   hebräisch. Bedeutung: Meine Freude ist in ihr.
Hefzi-Bah war eine Königin und die Mutter des Manasse
(2 Könige 21,1).

Hela   hebräisch. Bedeutung: Rost.
Hela war die Ehefrau des Aschhur (1 Chronik 4,5).

Helen   englische Form von ➜ Helena.

Helena, Helene   griechisch. Bedeutung: die Glänzende.
Kurzform: Hella, Lena, Lene, Leni, Nelli. Internationale
Varianten: Alina, Jelena (russisch), Eileen, Eilene (irisch),
Elaine (englisch, französisch), Elena (griechisch, italienisch, spanisch, rumänisch, bulgarisch, russisch), Elin,
Elina (schwedisch, finnisch), Ellen, Helen (englisch),
Halina (polnisch), Hélène (französisch), Ileana
(rumänisch), Ilona (ungarisch).
Helena (um 257–330/336) war die Mutter des Kaisers
Konstantin des Großen. Der Legende nach soll sie in
Jerusalem das Kreuz und das Gewand Jesu sowie die
Gebeine des Apostels Matthias gefunden haben. Helena
stiftete zahlreiche Kirchen und Klöster, darunter die
Geburtskirche in Bethlehem und die Heilig-Kreuz-Kirche
in Rom. Als eine der ersten Frauen überhaupt pilgerte sie
ins Heilige Land.

Hélène   französische Form von ➜ Helena.

Hella   Kurzform zu ➜ Helena.

Hester   englische Form von ➜ Ester.

Hosanna   hebräisch. Bedeutung: Bring doch Hilfe!
Mit diesen Worten begrüßte das Volk Jesus bei seinem Einzug in Jerusalem: »Hosanna! / Gesegnet sei er, der kommt
im Namen des Herrn / der König Israels!« (Johannes 12,13).

Hulda, Huldah   hebräisch. Bedeutung: Wiesel, Maulwurf. Hulda war eine Prophetin im Alten Testament. Sie lebte in der Neustadt im Jerusalem (2 Könige 22,14).

I

Ida   althochdeutsch. Bedeutung: die Seherin. Nebenformen: Itta, Itte.
Ida von Herzfeld (um 755–813/825) war eine sächsische Herzogin und eine Verwandte Karls des Großen. Nach dem Tod ihres Mannes errichtete sie über dessen Grab eine Klause und lebte dort. Sie kümmerte sich um Bedürftige und Notleidende und wurde 980 heiliggesprochen. Ihre Klause, in der sie auch beigesetzt wurde, wurde zur Ida-Kapelle geweiht.

Ileana   rumänische Form von ➡ Helena.

Ilona   ungarische Form von ➡ Helena.

Ira   hebräisch. Bedeutung: die Wachsame. Auch männlicher Vorname. Auch Kurzform zu ➡ Irene.

Ireen   Nebenform zu ➡ Irene.

Irena, Irina   slawische Formen von ➡ Irene.

Irene   griechisch. Bedeutung: Frieden. Kurzformen: Ira, Rena, Reni. Nebenform: Ireen. Internationale Varianten: Irena, Irena (slawisch).
Die Märtyrerin Irene († 304) wurde während der Christenverfolgung unter Kaiser Diokletian zusammen mit ihren Schwestern in Thessaloniki verhaftet, weil man in ihrem Haus christliche Schriften fand. Die drei Schwestern wurden auf dem Scheiterhaufen verbrannt.

Iris   griechisch. Bedeutung: Name der griechischen Götterbotin.

Um Iris († 103) ranken sich mehrere Legenden. Eine von ihnen besagt, sie sei die Tochter des Apostels Philippus gewesen. Eine andere Legende wiederum behauptet, ihr Vater sei einer der ersten sieben Diakone von Jerusalem.

Isebel hebräisch. Bedeutung: nicht erhöht. Internationale Varianten: Jezebel (englisch).

Isebel war die Frau des Ahab, eines Königs von Israel. Nach Ahabs Tod setzte sie sich geschminkt ans Fenster und versuchte den Heerführer Jehu zu verführen. Dieser befahl jedoch, sie aus dem Fenster zu stürzen. Nach ihrem Tod wurde sie von Hunden gefressen und erfüllte so die Weissagung des Elija (1 Könige 21). Isebel gilt noch heute als Symbol weiblicher Verderbtheit – ein geschminktes Gesicht reichte hierfür offensichtlich schon aus.

Itta, Itte Nebenformen zu ➙ Ida.

J

Jadwiga polnische Form von ➙ Hedwig.

Jael, Jahel hebräisch. Bedeutung: Bergziege.

Jael war die Frau des Keniters Heber und tötete Sisera, den Anführer des kanaanitischen Heeres (Richter 4,17–24).

Jakoba, Jakobine, Jakobina hebräisch, weibliche Formen von Jakob. Bedeutung: »Er möge schützen«, aber auch »Er betrügt«.

Janka bulgarische und ungarische Form von ➙ Johanna.

Janna, Janne niederdeutsche Form von ➙ Johanna.

Jeanne, Jeannine, Jeannette französische Formen von ➙ Johanna.

Jedida hebräisch. Bedeutung: die Geliebte.

Jedida war die Frau des Königs Amon von Judäa und die Mutter des Joschija (2 Könige 22,1).

Jekaterina russische Form von ➡ Katharina.

Jelena Kurzform zu ➡ Helena, Helene.

Jemima hebräisch. Bedeutung: Täubchen.

Jemima war eine Tochter des Ijob, die er bekam, nachdem Gott ihn seinen Prüfungen unterzogen hatte (Ijob 42,10–14).

Jeruscha hebräisch. Bedeutung: Besitz.

Jeruscha war die Ehefrau des Königs Usija von Juda und die Mutter des Jotam (2 Chronik 27,1).

Jiska hebräisch. Bedeutung: Gott schaut. Internationale Varianten: Jessica, Jessika (englisch).

Jiska war eine Schwester von Milka, der Frau von Abrahams Bruder Nahor (Genesis 11,29).

Joan englische Form von ➡ Johanna.

Joanna polnische Form von ➡ Johanna.

Jochebed hebräisch. Bedeutung: Jahwe ist Ruhm.

Jochebed war die Mutter von Mose, Mirjam und Aaron (Numeri 26,59).

Joëlle französisch, hebräischer Herkunft, weibliche Form von ➡ Joel. Bedeutung: Jahwe ist Gott.

Johanna, Johanne hebräisch, weibliche Formen von ➡ Johannes. Bedeutung: Der Herr ist gnädig, gütig. Kurzformen: Hanna, Hanne, Hanni, Hansi. Internationale Varianten: Giovanna (italienisch), Janka (bulgarisch, ungarisch), Janna, Janne (niederdeutsch), Jeanne, Jeannine, Jeannette (französisch), Joan (englisch), Joanna (polnisch), Jonna (dänisch), Jovanka (serbokroatisch, slowenisch), Jowita (slawisch), Juana, Juanita (spanisch).

Johanna war die Ehefrau eines Beamten, der am Hofe des

Königs Herodes diente (Lukas 8,3). Sie wurde von Jesus geheilt und folgte ihm nach. Zusammen mit Maria Magdalena und Maria, der Mutter des Jakobus, war sie bei der Grablegung dabei. Am Ostermorgen erfuhren diese drei Frauen als Erste von Jesu Auferstehung (Lukas 24,10).

Jonna   dänische Form von ➔ Johanna.

Josefa, Josepha   hebräisch, weibliche Formen von ➔ Josef. Bedeutung: Gott möge vermehren, Gott fügt hinzu. Koseform: Josita.

Josefine, Josephine   erweiterte Formen von ➔ Josefa. Kurzform: Josi. Internationale Varianten: Josette, Josiane, Josianne (französische Koseformen), Josina (niederländisch).

Josette   französische Koseform zu ➔ Josefine.

Josi   Kurzform zu ➔ Josefine.

Josiane, Josianne   französische Koseformen zu ➔ Josefine.

Josina   niederländische Form zu ➔ Josefine.

Jovanka   serbokroatische und slowenische Form von ➔ Johanna.

Jowita   slawische Form von ➔ Johanna.

Juana, Janita   spanische Form von ➔ Johanna.

Judit, Judith, Juditha   hebräisch. Bedeutung: die Gepriesene, Bekennerin, Judäerin. Internationale Varianten: Judy (englisch).

Judit ist die Hauptfigur des gleichnamigen Buchs im Alten Testament. Ihre Heimatstadt Betulia wurde vom assyrischen Heerführer Holofernes belagert. Wasser und Lebensmittel waren knapp. Als der Rat der Ältesten schon kapitulieren wollte, hatte die junge und schöne Witwe Judit eine Idee: Sie schlich sich in das Lager des Holofernes und erklärte ihm, sie sei geflohen, um nicht mit den Einwohnern Betulias untergehen zu müssen. Holofernes, beeindruckt von ihrer Schönheit, behielt sie bei sich. Nach einem Trinkgelage jedoch enthauptete Judit den Heerführer mit seinem eigenen Schwert, sodass seine Soldaten daraufhin derart in Panik gerieten, dass sie die Flucht ergriffen. So gelang es Judit, ihre Heimatstadt zu retten.

Judy   englische Form von → Judit.

Jula, Jule   Kurzformen zu → Julia.

Julia   lateinisch. Bedeutung: aus dem Geschlecht der Julier stammend. Kurzformen: Jula, Jule. Internationale Varianten: Giulia (italienisch), Julie (englisch, französisch), Juliet (englisch), Juliette (französisch), Julika, Julischka, Julka (ungarisch), Ulita (russisch).
Julia, eine Christin aus Rom, wird im Brief des Apostels Paulus an die Römer erwähnt (Römer 16,15).

Juliana, Juliane   erweiterte Formen von → Julia. Internationale Varianten: Gillian (englisch), Giuliana (italienisch), Julianka (polnisch), Julienne (französisch), Uljana (russisch).
Juliana von Nikomedien (✝ um 304) war eine Märtyrerin. Ihr heidnischer Vater versprach sie dem ebenfalls heidnischen Stadtpräfekten von Nikomedien in der heutigen Türkei. Als sie von ihrem Mann verlangte, sich taufen zu lassen, wurde sie von ihm und ihrem Vater angezeigt, verhaftet und schließlich hingerichtet.

Julianka   polnische Form von → Juliana.

Julie   englische und französische Form von → Julia.

Julienne   französische Form von → Juliana.

Juliet   englische Form von → Julia.

Juliette   französische Form von → Julia.

Julika, Julischka, Julka   ungarische Formen von → Julia.

K

Käthe   Kurzform zu ➝ Katharina.

Karin   Kurzform zu ➝ Katharina.

Kata, Katalin, Katalina   ungarische Form von ➝ Katharina.

Katarzyna   polnische Form von ➝ Katharina.

Katharina, Katharine, Katarina, Katherina, Katerina, Catarina
griechisch. Bedeutung: die Reine. Koseformen: Kati, Kathi,
Katinka, Katja, Katjuscha (russisch), Kitty (englisch).
Kurzformen: Karin, Käthe, Kathrin, Katrin, Kate
(englisch). Internationale Varianten: Caitlin (irisch),
Caterina (italienisch), Cathérine (französisch), Catriona
(schottisch), Ekaterina, Jekaterina (russisch), Kata, Katalin,
Katalina (ungarisch), Katarzyna (polnisch), Katherine,
Catherine (englisch), Kathleen, Cathleen (irisch).
Katharina von Siena (um 1347–1380) war eine Kirchen-
lehrerin und Mystikerin und wird in Italien als »größte
Frau des Christentums« verehrt. Sie war die Tochter eines
Wollfärbers aus Siena und trat mit 18 Jahren in den
Orden der Dominikaner-Terziarinnen ein. Im Laufe ihres
Lebens empfing Katharina zahlreiche Visionen, unter
anderem erschien ihr Christus und bot ihr den Brautring
an, doch sie wählte stattdessen die Dornenkrone. Zu einer
Zeit, in der die Kirche und die Politik von Krisen erschüt-
tert wurden, fungierte sie als Beraterin von Fürsten und
Klerikern. So bewegte sie 1377 Papst Gregor XI. zur
Rückkehr von Avignon nach Rom. Bis zu ihrem Tod
kämpfte Katharina für die Einheit der Kirche.
Eine weitere bedeutende Trägerin des Namens Katharina
war die Märtyrerin Katharina von Alexandria († 306).
Die engagierte Christin überzeugte in einem von Kaiser

Maxentius angeregten Streitgespräch 50 der gebildetsten heidnischen Philosophen von ihren Ansichten. Der Kaiser war darüber so erbost, dass er sie in den Kerker werfen und foltern ließ. Da sie jedoch alle Martern unverletzt überstand ließ Maxentius sie schließlich enthaupten.

Einige Zeit lang war Katharina nach Maria die meistverehrte Heilige. Im Bauernkalender gilt ihr Festtag, der 25. November, als Lostag für das Wetter des kommenden Winters.

Katherine   englische Form von ➦ Katharina.

Kathleen   irische Form von ➦ Katharina.

Kathrin, Kate   englische Kurzformen zu ➦ Katharina.

Kati, Kathi   Koseformen zu ➦ Katharina.

Katinka, Katja, Katjuscha   russische Koseformen zu ➦ Katharina.

Katrin   englische Kurzform zu ➦ Katharina.

Keren-Happuch   hebräisch. Bedeutung: Schminkhörnchen. Keren-Happuch war die dritte Tochter des Ijob (Ijob 42,14).

Ketura   hebräisch. Bedeutung: Weihrauch. Ketura wurde nach Saras Tod die Frau des Abraham (Genesis 25,2).

Kezia   hebräisch. Bedeutung: Zimtblüte. Kezia war die zweite Tochter des Ijob (Ijob 42,14).

Kira   Nebenform zu ➦ Kyrilla.

Kitty   englische Koseform zu ➦ Katharina.

Kläre   Nebenform zu ➦ Klara.

Klara, Clara   lateinisch. Bedeutung: die Helle, Leuchtende, Berühmte. Nebenform: Kläre. Erweiterte Formen: Clarina, Klarina, Clarissa, Klarissa. Internationale Varianten: Chiara (italienisch), Claire (französisch), Clarita (spanische Koseform).

Klara von Assisi (1194–1253) gründete den Orden der Klarissen. Schon als junges Mädchen war sie fasziniert vom Wandel im Leben des Franz von Assisi und floh schließlich aus ihrem vornehmen Elternhaus, um sich Franz als Jüngerin anzuschließen. Bei San Damiano in Assisi bewohnte sie ein kleines Haus und nahm dort bald auch andere Frauen auf, mit denen sie in klösterlicher Gemeinschaft zusammenlebte. Daraus entstand der Orden der Klarissen. Trotz Krankheit gelang es Klara, weitere Kranke zu heilen und weitere Klöster zu gründen. Bereits zwei Jahre nach ihrem Tod wurde sie heiliggesprochen.

Klarina, Klarissa   erweiterte Formen zu ➝ Klara.

Kordula   Nebenform zu ➝ Cordula.

Korona   Nebenform zu ➝ Corona.

Kristiane, Kristiane, Kristine, Kristina   Nebenform zu ➝ Christiana.

Kyrilla, Kira   griechisch. Bedeutung: Frau aus Kyrenaika. Kyrilla lebte als junge Frau im 3. Jahrhundert in Kyrene im heutigen Libyen. Ihre Eltern erzogen sie christlich und sie bekannte sich dazu. Während der Zeit der Christenverfolgung unter Kaiser Diokletian im Jahr 304 wurde sie hingerichtet.

L

Laetizia   Nebenform zu ➝ Letizia.

Lea, Leah   hebräisch. Bedeutung: Wildkuh. Lea war die Tochter Labans und die ältere Schwester Rahels. Durch Betrug ihres Vaters wurde sie die erste Frau Jakobs und gebar ihm die Söhne Juda, Levi, Ruben,

Sebulon, Simeon und Isachar (Genesis 29,32–35 und 30,18–21). Jakob war eigentlich in Rahel verliebt und musste ihrem Vater sieben Jahre lang dienen, um sie zur Frau nehmen zu können. Doch die Regeln wollten es so, dass die ältere Schwester vor der jüngeren verheiratet sein musste, und so gab Laban dem Jakob zunächst Lea zur Frau. Jakob musste dann weitere sieben Jahre dienen, um Rahel heiraten zu können (Genesis 29,16–30).

Lena, Lene, Leni   Kurzformen zu ➜ Helena.

Letizia, Laetizia   lateinisch. Bedeutung: Freude.
Der Name Letizia geht auf die sieben Freuden der Gottesmutter Maria zurück, die im Einzelnen sind: Verkündigung, Heimsuchung, Geburt Jesu, Anbetung durch die drei Weisen aus dem Morgenland, Wiederauffindung Jesu im Tempel, die Auferstehung Jesu und die Aufnahme Marias in den Himmel. An diese sieben Freuden erinnert ein Festtag am 5. Juli.

Lidia   Nebenform zu ➜ Lydia.

Lilit, Lilith   hebräisch. Bedeutung: die Nächtliche.
Lilit spielt eine wichtige Rolle in der traditionellen jüdischen Schriftauslegung Midrasch. Hier gilt sie als erste Frau Adams, die von Gott aus demselben Lehm wie Adam geschaffen wurde, um Adam eine Partnerin zu geben. Gott holte Lilit zu sich und befahl ihr, dem Adam untertan zu sein – was bedeutet, dass sie beim Geschlechtsakt unten zu liegen hatte. Doch Lilit weigerte sich, und flüchtete nach einem Streit mit Adam in die Wüste. Dort brachte sie etliche Dämonenkinder zur Welt und nahm nach und nach selbst dämonische Züge an. Da sie nie vom Baum der Erkenntnis aß, galt sie als unsterblich. Adam beklagte sich so über seine Einsamkeit, dass Gott Eva aus einer Rippe Adams schuf. In der Bibel

wird Lilit nur einmal erwähnt, und zwar in Jesaja 34,14. In der prophetischen Rede über den Untergang der Stadt Edom, von der nur noch Ruinen übrig bleiben, heißt es hier: »Wüstenhunde und Hyänen treffen sich hier, / die Bocksgeister begegnen einander. Auch Lilit (das Nachtgespenst) ruht sich dort aus / und findet für sich eine Bleibe.«

Lis, Lisa, Lise   Kurzformen zu → Elisabet.

Lois   griechisch. Bedeutung: besser, wünschenswerter. Lois war die Mutter der Eunike und die Großmutter des Timotheus (2 Timotheus 1,5).

Lola   spanische Koseform zu → Dolores.

Lucette   französische Koseform zu → Lucia.

Lucia, Lucie, Luzia, Luzie   lateinisch. Bedeutung: die Leuchtende, Glänzende, bei Tagesanbruch Geborene. Erweiterte Formen: Luciana, Luciane, Lucilla, Lucille. Internationale Varianten: Lucette (französische Koseform), Lucienne (französisch), Lucy (englisch).
Die Märtyrerin Lucia (286–304) stammte aus einer wohlhabenden sizilianischen Familie. Schon als junges Mädchen gelobte sie ewige Keuschheit und ließ sich taufen – zur Zeit der Christenverfolgung unter Kaiser Diokletian ein großes Verbrechen. Ihr ehemaliger Verlobter wollte sich damit nicht abfinden und denunzierte sie. Daraufhin wurde Lucia verhaftet, gefoltert und schließlich hingerichtet. In Schweden wird ihr zu Ehren jedes Jahr am 13. Dezember das Luciafest gefeiert. Die Lichterkönigin oder Lucia-Braut trägt dabei ein langes weißes Kleid und einen Kranz mit brennenden Kerzen auf dem Kopf. Dies erinnert an eine Legende, nach der Lucia verfolgten Christen Nahrungsmittel in die Katakomben gebracht haben soll. Damit sie im Dunkeln den Weg finden konnte,

soll sie sich einen ebensolchen Lichterkranz auf den Kopf
gesetzt haben.

Lucette   französische Koseform zu ➝ Lucia.

Luciana, Luciane, Lucilla, Lucille   erweiterte Formen zu
   ➝ Lucia.

Lucienne   französische Form von ➝ Lucia.

Lucy   englische Form von ➝ Lucia.

Lydia, Lidia   lateinisch. Bedeutung: die aus Lydien
   Stammende.

   Lydia von Philippi war eine reiche Purpurhändlerin aus
   Thyatira in der heutigen Türkei. Sie gehörte zunächst zur
   jüdischen Gemeinde und ließ sich dann von Paulus zum
   Christentum bekehren (Apostelgeschichte 16,14–15).

M

Machla, Machala   hebräisch. Bedeutung: schwach, krank.
   Machla war eine Tochter des Zelofhad (Numeri 27,1).

Madalena, Maddalena   italienische Form von ➝ Magdalena.

Maddy   englische Kurzform zu ➝ Magdalena.

Madeleine, Madeline   französische Formen von
   ➝ Magdalena.

Madina   Kurzform zu ➝Magdalena.

Madlena   Kurzform zu ➝Magdalena.

Mady   englische Kurzform zu ➝ Magdalena.

Mae   englische Form von ➝ Maria.

Mafalda   italienische Form von ➝ Mathilde.

Magda   Kurzform zu ➝Magdalena.

Magdalena, Magdalene   hebräisch. Bedeutung: 1. die aus
   dem Ort Magdala Stammende. 2. die Erhöhte, Erhabene.

Kurzformen: Magda, Madina, Madlene, Madlene, Maddy (englisch), Mady (englisch). Internationale Varianten: Madalena, Maddalena (italienisch), Madeleine, Madeline (französisch), Malen, Malena, Malene (baskisch, nordisch), Malin (schwedisch), Malina, Maline (englische Kurzformen), Mailin (irisch).

Maria Magdalena war eine der treuesten Jüngerinnen Jesu, der sie einst von einer schweren Krankheit geheilt hatte. Sie war es, die mit ihren Gefährtinnen unter dem Kreuz stand und am Ostermorgen sein leeres Grab entdeckte. Auch erschien ihr als Erste der auferstandene Christus (Matthäus 24,56–61). Über ihr weiteres Leben ranken sich einige Legenden: So soll sie entweder nach Südfrankreich gegangen sein und dort das Evangelium gepredigt haben oder in Ephesus gestorben sein. Auffällig ist, dass Maria Magdalena eine der wenigen eigenständigen Frauen in der Bibel ist und nicht als Ehefrau, Mutter oder Schwester von irgendjemandem vorgestellt wird. Dies löst immer wieder Spekulationen aus, es könne ein Liebesverhältnis zwischen ihr und Jesus bestanden haben – bekanntestes Ergebnis dieser Mutmaßungen ist Dan Browns Bestseller »Sakrileg«.

Maggie   englische Kurzform zu ➙ Margaretha.

Magnhild   nordische Form von ➙ Mathilde.

Mahalat   hebräisch. Bedeutung: Leier, Laute.
Im Alten Testament werden zwei Frauen namens Mahalat erwähnt. Eine von ihnen war die Tochter des Ismael und die Ehefrau des Esau (Genesis 28,9), die andere war die Ehefrau des Rehabeam und eine Enkelin Davids (2 Chronik 11,18).

Mai   ost- und nordfriesische Form zu ➙ Maria.

Maia, Maja   Kurzform zu ➙ Maria.

Maidi   englische Kurzform zu ➝ Margaretha.

Maika   russische Koseform zu ➝ Maria.

Maike   friesische Kurzform zu ➝ Maria.

Mailin   irische Form von ➝ Magdalena.

Máire   irische Form von ➝ Maria.

Mairi   schottische Form von ➝ Maria.

Maj   schwedische Kurzform zu ➝ Maria.

Malen, Malena, Malene   baskische und nordische Form von
➝ Magdalena.

Malin   schwedische Form von ➝ Magdalena.

Malina, Maline   englische Kurzformen zu ➝ Magdalena.

Mara   1. hebräisch. Bedeutung: die Bittere, Betrübte.
2. bulgarische, kroatische und serbische Nebenform zu
➝ Maria.
Mara ist ein Ortsname im Alten Testament (Exodus 15,23).
Außerdem ist Mara der Name, den Noomi nach dem Tod
ihres Mannes Elimelech annahm: »Nennt mich nicht mehr
Noomi (Liebliche), sondern Mara (Bittere); denn viel
Bitteres hat der Allmächtige mir getan« (Rut 1,20).

Marcella, Marzella   lateinisch. Bedeutung: geht auf den
römischen Kriegsgott Mars zurück. Kurzformen: Cella,
Cellina, Zella.
Marcella von Rom (um 330 bis um 410) stammte aus einer
vornehmen römischen Familie. Nach dem frühen Tod
ihres Ehemannes beschloss die tiefgläubige Frau, nicht
mehr zu heiraten. Stattdessen widmete sie sich fortan
einem Kreis frommer Frauen, die zusammen die Bibel
studierten und Notleidenden halfen. Später wurde dieser
Kreis vom berühmten Kirchenlehrer Hieronymus (um
347–419/420) betreut. Im Jahr 410 wurde Marcella bei der
Plünderung Roms unter dem Gotenkönig Alarich schwer
misshandelt und erlag schließlich ihren Verletzungen.

Mareike   niederdeutsche Form von ➨ Maria.

Mareta, Marete   estnische und lettische Form von
➨ Margaretha.

Marfa   russische Form zu ➨ Maria.

Marga   Kurzform zu ➨ Margaretha.

Margaret   englische Form zu ➨ Margaretha.

Margaretha, Margarethe, Margareta, Margarete   griechisch.
Bedeutung: Perle. Kurzformen: Greta, Grete, Grethe,
Gretchen, Gretel, Grit, Grita, Gritta, Marga, Margit,
Margita, Margot, Margret, Margrit, Meta, Rita. Inter-
nationale Varianten: Mareta, Marete (estnisch, lettisch),
Margaret (englisch), Maggie, Maidie, Meg (englische
Kurzformen), Margarita (bulgarisch, russisch, spanisch),
Margaritta (rätoromanisch), Margherita (italienisch),
Margriet (niederländisch), Marguérite (französisch),
Marketa (tschechisch).

Margareta von Antiochia († 305) war eine Märtyrerin Sie
zählt zu den Vierzehn Nothelfern. Neben Barbara und
Katharina von Alexandria ist sie eine der »Heiligen Drei
Jungfrauen«. Über ihr Leben ist nur wenig bekannt. Sie
soll von ihrer Amme christlich erzogen worden sein,
worüber ihr Vater so erbost war, dass er sie beim Stadtpräfekten von Antiochia anzeigte. Dieser verliebte sich in
Margareta und wollte sie heiraten, doch sie weigerte sich,
ihren Glauben zu verraten. Daraufhin wurde sie gefoltert
und hingerichtet.

Eine weitere bedeutende Trägerin dieses Namens war
die Mystikerin Margareta Maria Alacoque (1647–1690).
Der Salesianerin wurden zahlreiche Visionen Jesu zuteil,
darunter auch ihre berühmte große Herz-Jesu-Vision am
16. Juni 1675. Hier erhielt sie den Auftrag, sich für die
Förderung der Herz-Jesu-Verehrung und die Einführung

des Herz-Jesu-Freitags einzusetzen. Die Früchte ihrer Mühen konnte sie jedoch nicht miterleben. Denn erst 1856, also über 150 Jahre nach ihrem Tod, wurde das Herz-Jesu-Fest offiziell in der Kirche eingeführt.

Margarita bulgarische, spanische und russische Form von ➙ Margaretha.

Margaritta rätoromanische Form von ➙ Margaretha.

Margherita italienische Form von ➙ Margaretha.

Margit, Margita, Margot, Margret, Margrit Kurzformen zu ➙ Margaretha.

Margriet niederländische Form von ➙ Margaretha.

Marguérite französische Form von ➙ Margaretha.

Maria, Marie lateinische Form des hebräischen Namens Mirjam. Bedeutung: unklar, eventuell »Geliebte des Amun« oder »bitteres Wasser«. Bulgarische, serbische und kroatische Form zu ➙ Mara. Kurzformen: Maia, Maja, Mia. Internationale Varianten: Mae (englische Kurzform), Mai (ost- und nordfriesische Kurzform), Mara (bulgarisch, serbisch, kroatisch), Maika (russische Koseform), Maike, Meike (friesisch), Máire (irisch), Mairi (schottisch), Maj (schwedische Kurzform), Mareike (niederdeutsch), Mary (englisch), Mascha (russisch), Mirja (finnisch).

Die Gottesmutter Maria ist eine der bekanntesten Figuren der Bibel und die wichtigste Frauenfigur des Christentums. Sie war die Tochter von Joachim und Anna, die lange kinderlos geblieben waren. Maria wurde im Tempel erzogen und verlobte sich später mit Josef, einem Mann aus dem Geschlecht Davids. Während der Verlobungszeit kündigte ihr ein Engel die Geburt des Messias an, und Maria reagierte auf diese Ankündigung mit großem Gehorsam (Lukas 1,26–38). Obwohl sie nicht zu den Frauen gehörte, die Jesus als Jüngerinnen folgen, taucht

sie immer wieder bei verschiedenen Anlässen auf, so
zum Beispiel bei der Hochzeit in Kana (Johannes 2,1). Bei
der Kreuzigung stand sie zusammen mit dem Jünger
Johannes am Fuß des Kreuzes (Johannes 19,25). Nach
Pfingsten stieß Maria zusammen mit anderen Verwandten
zur Urgemeinde, um auf die Wiederkehr des Messias zu
warten.

Marketa   tschechische Form von ➙ Margaretha.

Marta, Martha, Marte, Marthe   aramäisch. Bedeutung:
Herrin. Internationale Varianten: Marfa (russisch).
Marta von Betanien war die Schwester des Lazarus und
der Maria von Betanien. Nach dem Tod des Lazarus bittet
sie Jesus um Hilfe und legt dabei das Bekenntnis ihres
Glaubens ab (Johannes 11,25–27). Daraufhin erweckt
Jesus Lazarus von den Toten auf. Der Legende nach soll
Marta nach Jesu Himmelfahrt von Juden in einem leck
geschlagenen Boot auf dem Meer ausgesetzt worden und
dann in der Nähe von Marseille gestrandet sein.

Mary   englische Form von ➙ Maria.

Mascha   russische Form von ➙ Maria.

Mathilde, Matilde, Mathilda, Matilda   althochdeutsch.
Bedeutung: Macht und Kampf. Kurzformen: Tilda, Tilde,
Tilla, Tilly. Internationale Varianten: Mafalda (italienisch),
Magnhild (nordisch), Maud, Maude (englisch).
Mathilde (um 895–968), eine sächsische Grafentochter,
war die Ehefrau des deutschen Königs Heinrich I. Nach
dessen Tod widmete sie sich ganz wohltätigen Aufgaben,
kümmerte sich um die Armen und stiftete mehrere Klöster.

Maud, Maude   englische Form zu ➙ Mathilde.

Meg   englische Kurzform zu ➙ Margaretha.

Mehetabel, Mehitabel   hebräisch. Bedeutung: Gott macht
glücklich.

Eine Frau namens Mehetabel wird im Alten Testament erwähnt (Genesis 36,39). Sie war die Ehefrau des Hadar, eines Königs von Edom.

Merab   hebräisch. Bedeutung: reichlich.
Merab war eine Tochter des Saul im Alten Testament (1 Samuel 14,49).

Meta   Kurzform zu ➝ Margarethe.

Mia   Kurzform zu ➝ Maria.

Micaela   italienische und spanische Form von ➝ Michaela.

Michaela   hebräisch, weibliche Form von ➝ Michael. Bedeutung: Wer ist wie Gott? Internationale Varianten: Micaela (italienisch, spanisch), Michalina (russisch), Michela (italienisch), Michèle (französisch), Micheline (englisch, französisch), Michelle (englisch, französisch).

Michaja   hebräisch. Bedeutung: Wer ist wie Jahwe? Auch als männlicher Vorname vertreten.
Im Alten Testament treten sowohl Männer als auch Frauen mit diesem Namen auf. Die Frau Michaja war die Mutter des Königs Abija (2 Chronik 13,2).

Michal   hebräisch. Bedeutung: Bach.
Michal war eine Tochter des Saul und heiratete David (1 Samuel 18,20).

Michalina   russische Form von ➝ Michaela.

Michela   italienische Form von ➝ Michaela.

Micheline   englische und französische Form von ➝ Michaela.

Michelle   englische und französische Form von ➝ Michaela.

Milka   hebräisch. Bedeutung: die Regierende.
Milka war die Schwester der Jiska und heiratete Abrahams Bruder Nahor (Genesis 11,29). Verfolgt man

ihre Familienlinie weiter, so ist sie auch die Urgroßmutter mütterlicherseits der Zwillinge Jakob und Esau.

Eine weitere Milka wird in Numeri 26,33 und Josua 17,3 erwähnt. Sie stammt aus dem Geschlecht von Josefs Sohn Manasse und ist eine Tochter des Zelophad.

Mirja   finnische Form von ➙ Maria.

Mirjam, Miriam, Myriam   hebräisch-aramäisch. Bedeutung: unklar, eventuell »Geliebte des Amun« oder »bitteres Wasser«.

Mirjam ist die Schwester des Mose. Als die ägyptische Prinzessin das Baby Mose in seinem Schilfkorb findet, ist sie »zufällig« in der Nähe und vermittelt ihre Mutter als Amme. Beim Auszug aus Ägypten erfüllt sie die Funktion einer Prophetin. Das Mirjamlied (Exodus 15,1–21) gehört zu den ältesten Liedern des Alten Testaments und preist Gottes Eingreifen bei Israels Flucht durch das Schilfmeer.

Mona, Moni   Kurzformen zu ➙ Monika.

Monika, Monica   vermutlich phönizisch. Bedeutung unklar. Kurzformen: Mona, Moni. Internationale Varianten: Monique (französisch).

Monika (um 332–387) war die Mutter des Kirchenvaters und Bischofs Augustinus (354–430). Sie stammte aus dem heutigen Algerien. Als Augustinus in jungen Jahren immer mehr vom christlichen Glauben abkam, bat sie Gott unablässig um die Rettung ihres Sohnes. Ihre Gebete wurden schließlich erhört, denn Augustinus ließ sich taufen.

Monique   französische Form von ➙ Monika.

Morija   hebräisch. Bedeutung: eventuell »von Jahwe gesehen«.

Morija ist ein Ortsname im Alten Testament. Zum einen hieß so das Land, auf dem Abraham Isaak opfern sollte

(Genesis 22,2), zum anderen der Berg, auf dem Salomo einen Tempel errichten ließ (2 Chronik 3,1). Ob es sich dabei um dieselben Orte handelt, ist nicht eindeutig erwiesen.

Myriam   Nebenform zu → Mirjam.

N

Naama   hebräisch. Bedeutung: angenehm.
Im Alten Testament treten zwei Frauen namens Naama auf: Eine ist eine Tochter von Lamech (Genesis 4,22), die andere die Frau des Salomo und die Mutter von Rehabeam (1 Könige 14,21).

Naomi   Nebenform zu → Noomi.

Nata, Nate   Kurzformen zu → Renate.

Natalia, Natalie   lateinisch. Bedeutung: die zu Weihnachten Geborene. Erweiterte Form: Natalina. Internationale Varianten: Natalija (russisch), Natascha (russische Koseform).
Natalia lebte im 4. Jahrhundert in Nikomedien und war die Frau des römischen Offiziers (und späteren Märtyrers) Adrian. Nach dem Tod ihres Mannes kümmerte sie sich um verfolgte und zum Tode verurteilte Christen, wurde selbst jedoch nie verhaftet. Sie ließ sich beim Grab ihres Mannes in Konstantinopel nieder und lebte dort bis zu ihrem Tode.

Natalija   russische Form von → Natalia.

Natalina   erweiterte Form zu → Natalia.

Natascha   russische Koseform zu → Natalia.

Nelli   Kurzform zu → Helena.

Nicole französische Form von ➙ Nicoletta.

Nicoletta, Nicola, Coletta italienisch, griechischer
Herkunft. Bedeutung: die Siegerin aus dem Volk. Inter-
nationale Varianten: Colette (französische Koseform),
Nicole, Nicolette (französisch.

Nicoletta Boillet (1381–1447) stammte aus dem französischen Corbie. 1406 trat sie in ein Klarissenkloster ein.
Bald wurde sie Äbtissin ihres Klosters und reformierte
im Auftrag des Papstes den Orden. Unter anderem führte
sie die Klöster zur ursprünglichen strengen Regel der
Klarissen zurück. Außerdem gründete sie 20 neue Klöster
in ganz Mitteleuropa, deren Schwestern sich ihr zu Ehren
»Colettinnen« nannten. 1807 wurde Nicoletta heiliggesprochen.

Nicolette französische Form von ➙ Nicoletta.

Noomi, Noemi, Naomi hebräisch. Bedeutung: die Liebliche,
Holde.

Noomi war die Schwiegermutter der verwitweten Rut.
Als Noomi aus dem Moabiterland in ihre Heimat bei
Bethlehem zurückkehrte, begleitete Rut sie. Da Noomi für
Rut in ihrer Heimat jedoch keine Möglichkeiten sah, riet
sie ihr, in Moab zu bleiben, doch Rut verließ sie nicht und
blieb bei ihr (Rut 1,7–9). Nach dem Tod ihres Mannes
änderte Noomi ihren Namen um in Mara (die Bittere).

O

Orsina, Orsine Nebenformen zu ➙ Ursula.

P

Paola italienische Form von ➤ Paula.

Paula lateinisch, weibliche Form von ➤ Paul. Bedeutung: die Kleine. Erweiterte Formen: Paulina, Pauline. Internationale Varianten: Paola (italienisch), Paule (französisch), Paulette (französische Koseform), Pavla (slawisch).
Paula von Rom (347–404) stammte aus einer vornehmen christlichen Familie. Nach dem Tod ihres Mannes schloss sie sich einem Kreis römischer Frauen an, der sich bei der Witwe Marcella zum Bibelstudium traf. Zusammen mit ihrer Tochter folgte sie dem Kirchenlehrer Hieronymus (um 347–419/420), der den Kreis betreute, nach Palästina. In Bethlehem gründeten die beiden Frauen ein Mönchs- und ein Nonnenkloster, in dem sie fortan auch selbst lebten.

Paule französische Form von ➤ Paula.

Paulette französische Koseform zu ➤ Paula.

Paulina, Pauline Erweiterte Form zu ➤ Paula.

Pavla slawische Form von ➤ Paula.

Peninna hebräisch. Bedeutung: wertvoller Stein.
Peninna war eine der Ehefrauen des Elkana im Alten Testament (1 Samuel 1,2).

Perrette französische Form von ➤ Petra.

Persis griechisch. Bedeutung: persische Frau.
Eine Frau mit Namen Persis wird im Brief des Paulus an die Römer erwähnt (Römer 16,12). Sie nahm für Gott viele Mühen auf sich.

Petra griechisch-lateinisch, weibliche Form von ➤ Peter. Bedeutung: Fels, Felssitz. Erweiterte Form: Petrina. Internationale Varianten: Perette, Pierrette, Pierrine (französisch), Piera, Pieretta (italienisch).

Petrina   erweiterte Form zu ➝ Petra.

Philadelphia   griechisch. Bedeutung: brüderliche Liebe.
Name einer Stadt in Kleinasien, die in der Offenbarung
des Johannes erwähnt wird (Offenbarung 3,7–13).

Phöbe, Phoebe   griechisch. Bedeutung: die Strahlende.
Phöbe wird im Römerbrief des Paulus erwähnt (Römer
16,1) und war eine vermutlich wohlhabende Frau aus
Korinth, die sich um notleidende Christen kümmerte.
Außerdem unterstützte sie den Apostel Paulus bei seiner
Missionsarbeit.

Piera, Pieretta   italienische Formen von ➝ Petra.

Pierrette, Pierrine   französische Formen von ➝ Petra.

Priska, Prisca   lateinisch. Bedeutung: alt.
Der Name Priska taucht mehrmals in den Briefen des
Neuen Testaments auf und bezieht sich auf Priszilla, die
Frau des Aquila (Römer 16,3 und 2 Timotheus 4,19).

Priszilla   Koseform zu ➝ Priska.
Priszilla lebte mit ihrem Ehemann Aquila in Korinth und
beherbergte eine Zeit lang den Apostel Paulus bei sich
(Apostelgeschichte 18,2). Später begleiten Priszilla und
Aquila Paulus nach Syrien (Apostelgeschichte 18,18).

R

Rachel   Nebenform zu ➝ Rahel.

Rachele, Rachelle   italienische Formen von ➝ Rahel.

Rafaela, Raffaela, Raphaela   hebräisch, weibliche Formen
von ➝ Raphael. Bedeutung: Gott heilt.

Rahab   hebräisch. Bedeutung: geräumig, weitläufig.
Rahab war eine Prostituierte in Jericho, deren Haus an der

Grenzmauer lag. Die Situation war so, dass die Israeliten vor der Stadt Jericho aufmarschieren wollten. Um die Lage zu klären, schickten sie zunächst einmal diese beiden israelitischen Späher. Sie verhalf diesen beiden zu Informationen und zur anschließenden Flucht. Im Gegenzug versprachen die beiden Kundschafter, sie und ihre Familie bei der Eroberung Jerichos zu verschonen. Als Erkennungszeichen machten sie einen roten Strick aus, den sie aus dem Fenster hängen lassen sollte. Und tatsächlich: Rahab und ihre Familie kamen als Einzige mit dem Leben davon (Josua 2,1–6,17).

Rahel, Rachel   hebräisch. Bedeutung: Mutterschaf. Internationale Varianten: Rachele, Rachelle (italienisch). Rahel war die Tochter des Laban und die jüngere Schwester von Lea. Jakob musste ihrem Vater sieben Jahre lang dienen, um sie heiraten zu dürfen, doch Laban gab ihm zunächst die ältere Schwester Lea zur Frau. (Genesis 29,18–20). Daraufhin diente Jakob dem Laban sieben weitere Jahre und durfte dann endlich Rahel heiraten. Diese gebar ihm die Söhne Josef und Benjamin, starb jedoch bei Benjamins Geburt (Genesis 35,16–20).

Raphaela   Nebenform zu ➙ Rafaela.

Rebekka, Rebecca   hebräisch. Bedeutung: die Bestrickende, Fesselnde. Kurzformen: Becki, Becky. Rebekka war eine Großnichte Abrahams. Damit sein Sohn Isaak keine heidnische Kanaaniterin heiraten musste, ließ Abraham Rebekka aus Mesopotamien holen (Genesis 24,1–9). Isaak nahm Rebekka zur Frau und sie gebar die Zwillingssöhne Esau und Jakob. Mit einer List brachte sie den jüngeren Sohn Jakob – ihren Liebling – dazu, sich den väterlichen Erstgeburtssegen zu erschleichen. Jakob hatte zwar Erfolg, doch Isaak war darüber so zornig, dass

Jakob fliehen musste. Mit Rebekkas Hilfe gelang ihm die Flucht (Genesis 27,1–14)

Rena, Reni Kurzformen zu → Irene.

Renata italienische Form von → Renate.

Renate lateinisch. Bedeutung: die Wiedergeborene. Kurzformen: Nata, Nate, Rena, Reni. Internationale Varianten: Renata (italienisch), Renée (französisch).
Renate bzw. Renata von Lothringen (1544–1602) war die Ehefrau des bayerischen Herzogs Wilhelm V. des Frommen. Liebevoll kümmerte sie sich um Bedürftige und gründete mit ihrem eigenen Vermögen das Elisabethspital in München. Als der Herzog seine Regentschaft niederlegte, zog sich das Paar in die Münchner Maxburg zurück. Dort führte Renate dann das Leben einer Klosterfrau.

Renée französische Form von → Renate.

Rita Kurzform zu → Margaretha.

Rhode, Rhoda griechisch. Bedeutung: Rose.
Im Neuen Testament war Rhode eine Magd im Hause der Maria, der Mutter des Johannes Markus (Apostelgeschichte 12,13).

Rut, Ruth hebräisch. Bedeutung: Freundin, Freundschaft.
Rut ist die Hauptfigur des gleichnamigen Buches im Alten Testament. Sie war eine fromme, verwitwete Moabiterin, die ihre israelische Schwiegermutter Noomi nicht verließ, sondern sie in ihre Heimat Bethlehem begleitete. Die Worte, mit denen sie dies bekräftigte, sind bis heute ein beliebter Trauspruch: »Wohin du gehst, dahin gehe auch ich, und wo du bleibst, da bleibe auch ich« (Rut 1,16–17). In Bethlehem las Rut die bei der Ernte übrig gebliebenen Ähren von den Feldern auf und lernte dabei Boas, den reichen Besitzer des Feldes, kennen. Er verliebte sich in sie und sie heirateten. Einer ihrer Nachfahren ist der spätere König David.

S

Sabina, Sabine lateinisch. Bedeutung: die Sabinerin. Kurzformen: Bina, Bine.

Sabina († um 120) war eine vornehme römische Witwe. Sie
ließ sich von ihrer Sklavin Serapia zum Christentum bekehren und taufen. Aufgrund ihres Glaubens wurde Sabina
mitsamt ihrer Sklavin schließlich verhaftet und enthauptet.

Sally englische Form von → Sarah.

Salome griechisch. Bedeutung: die Friedliche, Friedsame.

Salome war die Mutter der Apostel Jakobus und Johannes
und eine der drei Frauen, die bei der Kreuzigung Jesu
unter dem Kreuz standen (Markus 15,40). Außerdem
gehörte sie zu den Frauen, die mit wohlriechenden Ölen
zum Grab Jesu gingen, um den Leichnam zu salben
(Markus 16,1).

Eine weitere berühmte Salome wird in der Bibel nicht
namentlich genannt, doch ihre Geschichte ist bekannt.
Sie war die Tochter eines enterbten Sohnes Herodes des
Großen. Mit einem Tanz betörte sie ihren Stiefvater
Herodes Antipas so sehr, dass dieser ihr versprach, ihr
jeden beliebigen Wunsch zu erfüllen. Salome verlangte
daraufhin den Kopf Johannes des Täufers, weil er ihre
Mutter für ihre Eheschließung mit Herodes Antipas kritisiert hatte. Johannes der Täufer wurde enthauptet und
sein Kopf wurde Salome auf einer Schale überbracht
(Matthäus 14,3–12).

Sally englische Form von → Sara.

Sandra, Sandrina, Sandrine Kurzformen zu Alexandra,
griechisch. Bedeutung: Beschützerin, Verteidigerin.
Nebenform: Sandria.

Sandra von Foligno († 1458) lebte im italienischen Sulmona und widmete sich ihr ganzes Leben über den Armen. Schließlich gründete sie in Foligno ein Klarissenkloster und lebte dort als Äbtissin in völliger Armut.

Saphira   griechisch. Bedeutung: Saphir, Lapislazuli.
Saphira war zum einen eine Frau im Neuen Testament sowie die Ehefrau des Hananias. Gemeinsam verkauften sie zugunsten der Apostel ihren Besitz, machten jedoch falsche Angaben über ihren Erlös und gaben den Aposteln nur einen Teil davon. Als Strafe dafür fielen beide tot um (Apostelgeschichte 5,1–11).

Sara, Sarah, Zara, Zarah   hebräisch. Bedeutung: Fürstin, Herrin. Kurzform: Sally (englisch). Erweiterte Form: Sarina.
Sara war die Frau Abrahams und damit die Stammesmutter Israels. Mit ihrem Mann zog sie von Ur nach Kanaan und dann weiter nach Ägypten. Obwohl sie schon über 60 Jahre alt war, war sie doch so schön, dass Abraham befürchtete, der Pharao könne sie für sich beanspruchen, und gab sie daher als seine Schwester aus (Genesis 12,10–20). Da die Ehe von Abraham und Sara lange kinderlos blieb, riet sie ihm, mit der Magd Hagar einen Sohn zu zeugen. Doch nachdem Ismael geboren wurde, wurde Hagar anmaßend und Sara ließ sie vertreiben. Im Alter von 90 Jahren brachte Sara dann aber doch noch einen Sohn zur Welt: Isaak. So erfüllte sich Gottes Verheißung (Genesis 17,15–17), die sie zunächst nicht geglaubt hatte.

Sarai   hebräisch. Bedeutung: hitzig, umstritten.
Sarai war der Name Saras, bevor Gott diesen änderte (Genesis 17,15).

Sarina   erweiterte Form von ➙ Sara.

Schifra hebräisch. Bedeutung: schön.

Schifra war eine Hebamme. Weil sie dem Befehl des Pharao, alle hebräischen Säuglinge zu töten, nicht folgte (Exodus 1,15), konnte sich das Volk Israel auch im ägyptischen Exil vermehren.

Schulammit, Sulamith hebräisch. Bedeutung unklar, vermutlich die Friedliche, Unversehrte.

Im Hohelied ist Schulammit der Name der Braut (Hohelied 7,1). Sie ist eine rein literarische Gestalt.

Sela hebräisch. Bedeutung: Felsen.

Sela ist zum einen ein Ortsname, und zwar der Name der Hauptstadt von Edom, die später in Jokteel umbenannt wurde (2 Könige 14,7). Zum anderen ist Sela jedoch auch ein Begriff in der Musik, der wahrscheinlich eine Pause bezeichnet und in vielen Psalmen zu finden ist (z.B. Psalm 3,9 oder Psalm 4,3).

Selpa Nebenform zu ➙ Silpa.

Serafia, Serafine, Seraphia, Seraphine hebräisch, weibliche Formen von ➙ Serafim. Bedeutung: die Brennende, Leuchtende.

Sharon englisch, hebräisch. Bedeutung: Ebene.

Die Ebene Scharon ist eine fruchtbare Ebene in der Nähe der israelischen Küste (Jesaja 33,9). Auch eine Blume, die Rose von Scharon, trägt diesen Namen.

Sile irische Kurzform zu ➙ Cäcilia.

Silja skandinavische Kurzform zu ➙ Cäcilia.

Silje friesische Kurzform zu ➙ Cäcilia.

Silka, Silke niederdeutsche Kurzform zu ➙ Cäcilia.

Silpa, Selpa hebräisch. Bedeutung: Schwachheit, Zerbrechlichkeit.

Silpa war eine Magd, die Lea dem Jakob schenkte und zur Frau gab, als sie selbst keine Kinder mehr bekommen konnte (Genesis 30,9–13). Sie gebar Jakob die Söhne Gad und Ascher.

Silva   schwedische und tschechische Form von ➙ Silvia.

Silvette   italienische Koseform von ➙ Silvia.

Silvia, Sylvia   lateinisch. Bedeutung: von lateinisch *silva* »Wald«. Erweiterte Formen: Silvina, Sylvina, Sylviane, Sylvianne. Internationale Varianten: Silva (schwedisch, tschechisch), Silvetta (italienische Koseform), Sylvette, Silvette (französische Koseformen), Silvie, Sylvie (französisch), Sylvi (schwedisch, finnisch).
Sylvia war der Name einer Märtyrerin. Während der Christenverfolgung unter Kaiser Diokletian wurde sie gegen Ende des 3. Jahrhunderts hingerichtet, indem sie im Circus Maximus in Rom den Löwen zum Fraß vorgeworfen wurde.

Silvie   französische Form von ➙ Silvia.

Simona, Simone   hebräisch, weibliche Formen von ➙ Simon. Bedeutung: erhört, Erhörung. In der Schweiz ist Simone nur in Verbindung mit einem eindeutig weiblichen Zweitnamen zulässig. Internationale Varianten: Simonetta (italienische Koseform), Simonette (französische Koseform).

Siska   schwedische Kurzform zu ➙ Franziska.

Sophia, Sophie, Sofia, Sofie   griechisch. Bedeutung: Weisheit.
Sophia war eine Frau, die auf den Straßen und Plätzen Menschen in ihr Haus einlud. Sie bezeichnete sich selbst als das erste Geschöpf Gottes, geboren, noch bevor die Berge und das Meer geschaffen wurden (Sprüche 8,27–31). Wer sie findet, so sagte sie weiter, findet Gott. Damit gilt Sophia bereits im Alten Testament als Personifizierung der Weisheit.

Susa   italienische Kurzform zu ➙ Susanna.

Susan englische und schwedische Form von ➜ Susanna.

Susanka slawische Form von ➜ Susanna.

Susanna, Susanne hebräisch. Bedeutung: (rote) Lilie. Kurzformen: Susann, Suse. Koseformen: Susi, Susy, Suzy.
Internationale Varianten: Susa (italienische Kurzform), Susan (englisch), Susanka (slawisch), Susen (schwedisch), Susetta (italienische Koseform), Susette, Suzette (französische Koseformen), Suzanne (französisch).
In der Bibel treten zwei Frauen namens Susanna auf. Die berühmtere von beiden ist die keusche Susanna, die im Buch Daniel auftritt. Sie war die Ehefrau eines Juden, der in Babylon lebte. Susanna wurde von zwei lüsternen Richtern im Bade erwischt, weigerte sich jedoch, diesen zu Willen zu sein. Daraufhin verleumdeten sie die beiden Männer und bezichtigten sie des Ehebruchs mit einem Jüngeren. Susanna wurde zum Tode verurteilt, doch der junge Daniel überführte die falschen Zeugen, die für ihre Falschaussage nun selbst ihr Leben lassen mussten. Diese Susanna hat den Beinamen »die Keusche« (Daniel 13,1–64). Eine weitere Susanna gehört im Neuen Testament neben Maria Magdalena und Johanna zu den Jüngerinnen Jesu (Lukas 8,3).

Susette italienische Koseform zu ➜ Susanna.

Susi Koseform von ➜ Susanna.

Susy Koseform von ➜ Susannea.

Suzette französische Koseform von ➜ Susanna.

Suzy Koseform von ➜ Susanna.

Sylvette französische Koseform von ➜ Silvia.

Sylvi schwedische und finnische Form von ➜ Silvia.

Syntyche griechisch. Bedeutung: gemeinsames Schicksal.
Eine Frau dieses Namens wird im Brief des Paulus an die Philipper erwähnt (Philipper 4,2).

T

Tabita, Tabitha, Tabea hebräisch. Bedeutung: Gazelle.
Tabita ist eine Christin in Joppe, die an einer schweren
Krankheit stirbt. Ihre Freunde lassen Petrus holen, der sie
ins Leben zurückholt. Daraufhin bekehren sich viele
Menschen in Joppe zum Christentum (Apostelgeschichte
9,36–43).

Talita, Talitha aramäisch. Bedeutung: Mädchen.
Talita ist eigentlich kein Name, vielmehr sind die Worte
»Talita kum« (»Mädchen, steh auf«) die Worte, die Jesus
zur Tochter des Jairus sprach, als er diese vom Tode
auferweckte (Markus 5,41).

Tamar hebräisch. Bedeutung: Palme.
Tamar war die Schwiegertochter des Juda im Alten
Testament (Genesis 38,6). Auch eine Tochter des David
trug diesen Namen. Ihr Halbbruder Amnon verliebte sich
in sie, vergewaltigte sie und ließ sie daraufhin hinaus-
werfen. Zwei Jahre später wurde sie von ihrem Bruder
Abschalom gerächt, der Amnon in eine tödliche Falle
lockte (2 Samuel 13,1–22).

Tania russische Form von ➜ Tatjana.

Tanja russische Form von ➜ Tatjana.

Tatjana russisch, lateinischer Herkunft. Bedeutung: geht
vermutlich auf den römischen Familiennamen Tatius
zurück. Internationale Varianten: Tanja, Tania (russische
Kurzformen).
Tatjana war eine Märtyrerin, die vermutlich um 200 unter
Kaiser Septimus Severus in Rom das Martyrium erlitt.

Teresa, Theresa, Therese, Terese griechisch. Bedeutung:
Bewohnerin der Insel Thera (heute Santorin). Inter-

nationale Varianten: Térèse (französisch), Tess, Tessa, Tessy (englische Kurzformen).

Wie keine andere Frau hat Teresa von Avila (1515–1582) das Ordenswesen beeinflusst; mit Recht kann sie als größte Mystikerin aller Zeiten bezeichnet werden. Geboren wurde Teresa im spanischen Ávila als Tochter eines Adeligen. Mit 20 Jahren trat sie in den Karmeliterinnenorden ein und empfing in der Folgezeit zahlreiche mystische Offenbarungen. Auf dieser Grundlage entwickelte sie ihr Bild vom Menschen als »Seelenburg«: Ihrer Meinung nach besteht der Mensch aus sieben konzentrischen Kreisen oder auch Wohnungen, die vom Körper, der äußersten Wohnung reichen, bis ins tiefste Innere, wo Gott wohnt. Außerdem widmete sie sich der Reform ihres Ordens, gründete ein Reformkloster und trennte damit die Unbeschuhten Karmeliten vom Karmelitenorden. 1622 wurde Teresa heiliggesprochen, 1970 ernannte Papst Paul VI. sie zur Kirchenlehrerin.

Térèse französische Form von Teresa.

Tess, Tessa, Tessy englische Kurzformen von → Teresa.

Tilda, Tilde, Tilla, Tilly Kurzformen zu → Mathilde.

Tirza hebräisch. Bedeutung: die Anmutige, Liebliche.
Tirza war eine Tochter des Zelofhad und wird an verschiedenen Stellen der Bibel erwähnt (Numeri 26,33 und 27,1 sowie Josua 17,3).

Trix, Trixa, Trixi Kurzformen zu → Beatrix.

Trude, Trudi Kurzformen zu → Gertrud.

Tryphäna vom griechischen Vornamen Tryphaina.
Bedeutung: Weichheit, Zartheit.
Eine Frau mit diesem Namen wird im Neuen Testament erwähnt (Römer 16,12). Für Gott nahm sie viel Mühe auf sich.

Tryphosa von griechisch *tryphe*. Bedeutung: Weichheit, Zartheit.

Tryphosa war eine Gefährtin der ➙ Tryphäna (Römer 16,12).

U

Ulita russische Form von ➙ Julia.

Uljana russische Form von ➙ Juliana.

Ulla, Uschi, Ursel Kurzformen zu ➙ Ursula.

Ursina, Ursine Nebenformen zu ➙ Ursula.

Ursula lateinisch. Bedeutung: die Bärin. Kurzformen: Ulla, Uschi, Ursel. Nebenformen: Orsina, Orsine, Ursina, Ursine, Ursulane, Ursulina, Ursuline.

Ursula war eine Märtyrerin, die im 3. oder 4. Jahrhundert lebte. Um ihr Leben ranken sich zahlreiche Legenden. Angeblich war sie eine englische Königstochter, die schon als Kind ewige Keuschheit gelobt hatte. Trotzdem wollte sie der Heidenkönig Aetherius zur Frau und drohte, einen Krieg gegen Ursulas Vater zu beginnen, wenn man seinem Wunsch nicht nachkäme. Ursula ging zum Schein auf sein Angebot ein und wollte ihrem »Zukünftigen« mit 11 000 jungfräulichen Gefährtinnen in die Bretagne folgen. Ein Sturm trieb ihre Schiffe jedoch in die Rheinmündung und Ursula beschloss, einer Vision folgend, den Rhein hinaufzusegeln, um so nach Rom zu gelangen. Doch auf der Höhe von Köln fielen die Frauen in die Hände der Hunnen. Ursulas Gefährtinnen wurden allesamt von den Hunnenkriegern misshandelt und getötet, sie selbst wurde jedoch zunächst verschont. Als sie sich dem Hunnenkönig verweigerte, wurde auch Ursula ermordet. Daraufhin sollen 11 000 Engel vom Himmel herabgekommen sein und die Hunnen vertrieben haben. Heute geht man allerdings davon aus, dass die Zahl 11 000 auf einem Lesefehler beruht – vermutlich handelte es sich nur um elf Jungfrauen, die zusammen mit Ursula den Tod fanden.

Ursulina, Ursuline   Nebenformen zu ➙ Ursula.

V

Valeria, Valerie   lateinisch. Bedeutung: die Gesunde, Starke. Erweiterte Form: Valeriane. Internationale Varianten: Valeska (polnisch).

Valeria war eine Christin, die im heutigen Lorch lebte. 304 bestattete sie den Märtyrer Florian und seine Gefährten.

Valeriane   erweiterte Form von ➙ Valeria.

Valerine   erweiterte Form von ➙ Valeria.

Valeska   polnische Form von ➙ Valeria.

Varena   rätoromanische Form von ➙ Verena.

Vera   schweizerische Kurzform zu ➙ Verena.

Verena   Herkunft und Bedeutung unklar, eventuell Nebenform zu ➙ Veronika. Kurzformen: Vera, Vreni (schweizerisch). Internationale Varianten: Varena (rätoromanisch), Vérène (französisch).

Die Missionarin und Einsiedlerin Verena († um 350) kam vermutlich aus Ägypten in die Schweiz. Sie ließ sich in Zurzach im Schweizer Kanton Aargau nieder und kümmerte sich liebevoll um Arme und Kranke. Noch heute ist die eine der meistverehrten Heiligen der Schweiz.

Vérène   französische Form von → Verena.

Verona   Nebenform zu → Veronika.

Veronika, Veronica   griechisch. Bedeutung: die Siegbringende. Kurzform: Vroni (bayrisch, schweizerisch). Nebenform: Verona. Internationale Varianten: Véronique (französisch).
Veronika war eine Jüngerin Jesu. Der Legende nach reichte sie Jesus auf dem Kreuzweg ein Schweißtuch, mit dem er sich das Gesicht abwischte. In diesem Tuch sei ein Abdruck zurückgeblieben, der das Antlitz Jesu zeigte. Demnach wird der Name »Veronika« auch als lateinisch-griechisch Mischung von »vera eicon« (»wahres Bild«) gedeutet.

Véronique   französische Form von → Veronika.

Viola   lateinisch. Bedeutung: Veilchen. Internationale Varianten   Violet (englisch), Violetta (italienisch), Violette (französisch).
Viola war eine junge Christin, die im 2. oder 3. Jahrhundert lebte und der Christenverfolgung zum Opfer fiel.

Violet   englische Form von → Viola.

Violetta   italienische Form von → Viola.

Violette   französische Form von → Viola.

Viviana, Viviane   Nebenformen zu → Bibiana.

Vivien   englische Form von → Bibiana.

Vreni, Vroni   bayerische sowie schweizerische Kurzform von → Veronika.

Vroni   bayerisch und schweizerische Kurzform zu → Veronika.

W

Waschti   vermutlich persisch. Bedeutung unklar.
Waschti war im Alten Testament die erste Frau des Perser-
königs Artaxerxes, der später Ester heiratete. Sie wurde
von ihrem Mann verstoßen, weil sie sich weigerte,
bei einem Festmahl ihre Schönheit bewundern zu lassen
(Ester 1,10–22).

Z

Zara, Zarah   Nebenformen zu → Sara.
Zäzilia, Zäzilie   Nebenform zu → Cäcilia.
Zella   Kurzform von → Marcella.
Zibja   hebräisch. Bedeutung: Reh.
Zibja war die Mutter des Königs Joasch von Juda
(2 Könige 12,2).
Zilla   hebräisch. Bedeutung: Schatten.
Zilla war die zweite Frau des Lamech (Genesis 4,19) und
– Kurzform zu → Cäcilia.
Zilly   Kurzform zu → Cäcilia.
Zippora   hebräisch. Bedeutung: Vögelchen.
Zippora war die Tochter des Midianiter-Priesters Jitro und
die Frau des Mose (Exodus 2,21).
Ziska, Zissy   Kurzformen zu → Franziska.

Die beliebtesten Vornamen

Drei Leas in einer Schulklasse? Jeder zweite Junge heißt plötzlich David? Hier finden Sie die beliebtesten Vornamen der letzten fünf Jahre – in Deutschland, Österreich und der Schweiz. Und Sie sehen, wie beliebt biblische Vornamen tatsächlich sind: In Deutschland haben es 2006 immerhin fünf weibliche und sieben (wenn man den kurz erwähnten Felix und Luca als italienische Variante von Lukas mitzählt) männliche Vornamen aus der Bibel unter die Top Ten geschafft.

Deutschland

Die beliebtesten Vornamen 2006

JUNGEN

1. Leon	6. Luca
2. Maximilian	7. Tim
3. Alexander	8. Felix
4. Lukas, Lucas	9. David
5. Paul	10. Elias

1. Marie	6. Lena
2. Sophie, Sofie	7. Emily
3. Maria	8. Johanna
4. Anna, Anne	9. Laura
5. Leonie	10. Leah, Lea

Die beliebtesten Vornamen 2005

JUNGEN

1. Alexander	6. Paul
2. Maximilian	7. Jonas
3. Leon	8. Felix
4. Lukas, Lucas	9. Tim
5. Luca	10. David

MÄDCHEN

1. Marie	6. Lena
2. Sophie, Sofie	7. Emily
3. Maria	8. Lea, Leah
4. Anna, Anne	9. Julia
5. Leonie	10. Laura

Die beliebtesten Vornamen 2004

JUNGEN

1. Maximilian	6. Luca
2. Alexander	7. Felix
3. Paul	8. Jonas
4. Leon	9. Tim
5. Lukas, Lucas	10. David

1. Marie	6. Lea, Leah
2. Sophie	7. Laura
3. Maria	8. Lena
4. Anna, Anne	9. Katharina
5. Leonie	10. Johanna

Die beliebtesten Vornamen 2003

JUNGEN

1. Maximilian	6. Felix
2. Alexander	7. Luca
3. Leon	8. David
4. Paul	9. Tim
5. Lukas, Lucas	10. Jonas

MÄDCHEN

1. Marie	6. Laura
2. Sophie	7. Lena
3. Maria	8. Leonie
4. Anna, Anne	9. Julia
5. Lea, Leah	10. Sarah, Sara

Die beliebtesten Vornamen 2002

JUNGEN

1. Alexander	6. Jonas
2. Maximilian	7. Tim
3. Paul	8. David
4. Leon	9. Niklas
5. Lukas	10. Luca

1. Marie	6. Lea
2. Sophie	7. Katharina
3. Maria	8. Sarah
4. Anna, Anne	9. Julia
5. Laura	10. Lena

Österreich

Die beliebtesten Vornamen 2006

JUNGEN

1. Lukas	6. Maximilian
2. Tobias	7. Fabian
3. David	8. Alexander
4. Florian	9. Sebastian
5. Simon	10. Julian

MÄDCHEN

1. Lena	6. Katharina
2. Leonie	7. Hannah
3. Sarah	8. Sophie
4. Anna	9. Laura
5. Julia	10. Lisa

Die beliebtesten Vornamen 2005

JUNGEN

1. Lukas	6. Sebastian
2. Tobias	7. Julian
3. David	8. Fabian
4. Florian	9. Simon
5. Alexander	10. Maximilian

MÄDCHEN

1. Leonie	6. Laura
2. Lena	7. Hannah
3. Anna	8. Katharina
4. Sarah	9. Sophie
5. Julia	10. Lea

Die beliebtesten Vornamen 2004

JUNGEN

1. Lukas	5. Julian
2. Florian	7. Simon
3. Tobias	8. Alexander
4. David	9. Michael
5. Fabian	10. Sebastian

MÄDCHEN

1. Anna	6. Laura
2. Sarah	7. Hannah
3. Leonie	8. Katharina
4. Julia	9. Lisa
5. Lena	10. Sophie

Die beliebtesten Vornamen 2003

JUNGEN

1. Lukas	6. Fabian
2. Florian	7. Michael
3. Tobias	8. Julian
4. David	9. Daniel
5. Alexander	10. Simon

MÄDCHEN

1. Sarah	6. Hannah
2. Anna	7. Lisa
3. Julia	8. Katharina
4. Laura	9. Leonie
5. Lena	10. Vanessa

Die beliebtesten Vornamen 2002

JUNGEN

1. Lukas	6. Michael
2. Florian	7. Alexander
3. Tobias	8. Fabian
4. David	9. Marcel
5. Daniel	10. Maximilian

MÄDCHEN

1. Anna	6. Katharina
2. Sarah	7. Lena
3. Julia	8. Hannah
4. Laura	9. Selina
5. Lisa	10. Viktoria

Schweiz

Die beliebtesten Vornamen 2006

JUNGEN

1. Luca	5. Joël
2. Noah	6. Jan
3. Leon	7. Simon
4. David	8. Tim

MÄDCHEN

1. Anna	5. Leonie
2. Lena	6. Julia
3. Lara	7. Lea
4. Laura	8. Sara

Die beliebtesten Vornamen 2005

JUNGEN

1. David	6. Simon
2. Noah	7. Jan
3. Joël	8. Jonas
4. Tim	9. Lukas
5. Luca	10. Nico

MÄDCHEN

1. Leonie	6. Nina
2. Anna	7. Sarah
3. Lara	8. Chiara
4. Laura	9. Sara
5. Julia	10. Lena

Die beliebtesten Vornamen 2004

JUNGEN

1. Luca	6. Simon
2. Noah	7. Nico
3. David	8. Tim
4. Jan	9. Jonas
5. Joël	10. Lucas

MÄDCHEN

1. Lea	6. Lara
2. Anna	7. Chiara
3. Laura	8. Nina
4. Leonie	9. Jana
5. Julia	10. Vanessa

Die beliebtesten Vornamen 2003

JUNGEN

1. Luca	6. Jan
2. Joël	7. Tim
3. Simon	8. Lukas
4. Noah	9. Fabian
5. David	10. Kevin

MÄDCHEN

1. Laura	6. Chiara
2. Lea	7. Julia
3. Lara	8. Anna
4. Sarah	9. Michelle
5. Vanessa	10. Sara

Namenstagskalender

Ein zusätzliches Kriterium, das Sie bei der Wahl des Vornamens hinzuziehen können, ist das Geburtsdatum des Kindes. Auf den folgenden Seiten finden Sie die Namenstage – nach dem evangelischen und nach dem katholischen Kalender.

Januar

	für evangelische Kalender	*für katholische Kalender*
1. Januar	*Neujahr*	*Neujahr,* Gottesmutter Maria, Wilhelm
2. Januar	Basilius, Wilhelm Löhe	Basilius, Gregor von Nazianz
3. Januar	Gordius	Irmina
4. Januar	Fritz von Bodelschwingh	Marius
5. Januar	Feofan	Ämiliana
6. Januar	*Epiphanias,* Walther Pauker	*Erscheinung des Herrn,* Kaspar, Melchior, Balthasar
7. Januar	Jakob Andreä	Valentin
8. Januar	Severin	Severin
9. Januar	Johann Laski	Adrian
10. Januar	Karpus, Papylus	Walarich
11. Januar	Ernst der Bekenner	Hyginus

	für evangelische Kalender	*für katholische* Kalender
12. Januar	Remigius von Reims	Ernst
13. Januar	Hilarius von Poitiers	Hilarius
14. Januar	Georg Fox	Felix von Nola
15. Januar	Traugott Hahn	Romedius
16. Januar	Georg Spalatin	Marcellus I.
17. Januar	Antonius von Ägypten	Antonius
18. Januar	Ludwig Steil	Priska
19. Januar	Johann Michael Hahn	Agritus
20. Januar	Sebastian	Fabian, Sebastian
21. Januar	Matthias Claudius	Meinrad
22. Januar	Vincentius	Vinzenz
23. Januar	Menno Simons	*Mariä Vermählung*
24. Januar	Erich Sack	Franz von Sales
25. Januar	*Bekehrung des Apostels Paulus,* Heinrich Seuse	*Bekehrung des Apostels Paulus,* Wolfram
26. Januar	Thimotheus und Titus, Johann	Thimotheus und Titus
27. Januar	Paavo Ruotsalainen	Angela Merici
28. Januar	Karl der Große	Thomas von Aquin
29. Januar	Theophil Wurm	Valerius
30. Januar	Xaver Marnitz	Adelgundis
31. Januar	Charles Spurgeon	Johannes Bosca

Februar

	für evangelische Kalender	*für katholische Kalender*
1. Februar	Klaus Harms	Sigisbert
2. Februar	*Lichtmess,* Burkhard von Würzburg	*Lichtmess,* Hadelog (Adelheid) von Kitzingen
3. Februar	Ansgar, Matthias Desubas	Blasius
4. Februar	Hrabanus Maurus	Hrabanus Maurus
5. Februar	Philipp Jakob Spener	Agatha
6. Februar	Amandus	Paul Miki
7. Februar	Adolf Stoecker	Richard
8. Februar	Georg Wagner	Hieronymus Ämiliani
9. Februar	John Hooper	Apollonia
10. Februar	Friedrich Christoph Oetinger	Scholastika
11. Februar	Hugo von St. Victor, Benjamin Schmolck	*Mariengedenktag in Lourdes,* Theobert (Dietbert)
12. Februar	Valentin Ernst Löscher, Friedrich Schleiermacher	Benedikt von Aniane
13. Februar	Christian Friedrich Schwartz	Wiho
14. Februar	Cyrill und Methodius, Johann Daniel Falck	Cyrill und Methodius
15. Februar	Georg Maus	Siegfried
16. Februar	Wilhelm Schmidt	Juliana
17. Februar	Johann Heermann	Sieben Gründer des Servitenordens
18. Februar	Martin Luther	Bernadette
19. Februar	Peter Brullius	Julian
20. Februar	Friedrich Weißler	Eleutherius

	für evangelische Kalender	*für katholische Kalender*
21. Februar	Lars Levi Laestadius	Petrus Damiani
22. Februar	Bartholomäus Ziegenbalg	Kathedra Petri
23. Februar	Polycarpus	Polykarp
24. Februar	Apostel Matthias	Apostel Matthias
25. Februar	Walburga	Walburga
26. Februar	Mechthild von Magdeburg	Alexander
27. Februar	Patrick Hamilton	Leander
28. Februar	Martin Bucer	Roman und Lupicin
29. Februar	Suitbert	Oswald

März

	für evangelische Kalender	*für katholische Kalender*
1. März	Martin Moller	Albinus
2. März	John Wesley	Agnes von Böhmen
3. März	Johann Friedrich der Großmütige	Titian
4. März	Elsa Brandström	Kasimir
5. März	Hermann Friedrich Kohlbrügge	Johannes Josef
6. März	Chrodegang von Metz	Fridolin
7. März	Perpetua und Felicitas	Perpetua, Felicitas
8. März	Thomas von Aquin	Johannes von Gott
9. März	Pusei, Bruno von Querfurt	Bruno von Querfurt
10. März	40 Ritter von Sebaste	40 Märtyrer von Sebaste, Attala
11. März	Pionius	Eulogius

	für evangelische Kalender	*für katholische Kalender*
12. März	Gregor der Große	Engelhard
13. März	Georg von Ghese	Paulina
14. März	Mathilde, Friedrich Gottlieb Klopstock	Mathilde
15. März	Kaspar Olevianus	Klemens Maria Hofbauer
16. März	Heribert von Köln	Heribert
17. März	Patrick von Irland	Gertrud von Nivelles
18. März	Cyrillus von Jerusalem, Marie Schlieps	Cyrill von Jerusalem
19. März	Michael Weiße	Josef
20. März	Albrecht von Preußen	Wolfram
21. März	Benedikt von Nursia	Serapion
22. März	August Schreiber	Herlinde und Reinhilde
23. März	Wolfgang von Anhalt	Turibio
24. März	Veit Dietrich	Bernulph
25. März	*Verkündigung Mariä,* Ernst der Fromme	*Verkündigung des Herrn,* Annunziata
26. März	Liudger, Karl Schlau	Liudger
27. März	Meister Eckhart	Frowin
28. März	Rupert	Totilo
29. März	Hans Nielsen Hauge	Eustachius
30. März	Johannes Evangelista Goßner	Quirin
31. März	Akazius von Melitene	Cornelia

April

	für evangelische Kalender	für katholische Kalender
1. April	Amalie Sieveking	Hugo
2. April	Friedrich von Bodelschwingh	Franz von Paula
3. April	Gerhard Tersteegen	Irene
4. April	Ambosius von Mailand	Isidor
5. April	Christian Scriver, Maximus	Vinzenz
6. April	Cyrillus und Methodius, Notker der Stammler	Notker
7. April	Albrecht Dürer	Johann Baptist de la Salle
8. April	Martin Chemnitz	Walter
9. April	Dietrich Bonhoeffer	Waltraud
10. April	Thomas von Westen	Fulbert
11. April	Matthäus Apelles von Löwenstern	Matthäus
12. April	Petrus Waldus	Zeno
13. April	Konrad Hubert	Martin I.
14. April	Simon Dach	Tiburtius
15. April	Karolina Fliedner	Reinert
16. April	Sundar Singh	Benedikt Josef Labre
17. April	Ludwig von Berquin	Stephan Harding
18. April	Apollonius	Ursma
19. April	Philipp Melanchthon	Leo IX.
20. April	Johannes Bugenhagen	Oda
21. April	Anselm von Canterbury	Konrad von Parzham
22. April	Friedrich Justus Perels	Wolfhelm
23. April	Georg, Adalbert von Prag	Adalbert
24. April	Johann Walter	Fidelis von Sigmaringen

	für evangelische Kalender	für katholische Kalender
25. April	Evangelist Markus, Philipp Friedrich Hiller	Evangelist Markus
26. April	Tertullian	Trudpert
27. April	Origenes	Petrus Kanisius
28. April	Johannes Gramann	Pierre Chanel
29. April	Katharina von Siena	Katharina von Siena
30. April	David Livingstone	Pius X.

Mai

	für evangelische Kalender	für katholische Kalender
1. Mai	Nikolaus Hermann	Josef der Arbeiter
2. Mai	Athanasius	Athanasius
3. Mai	Apostel Philippus und Jakobus d. J.	Apostel Philippus und Jakobus d. J.
4. Mai	Michael Schirmer	Florian
5. Mai	Godehard	Godehard
6. Mai	Friedrich der Weise	Britto
7. Mai	Otto der Große	Gisela
8. Mai	Gregor von Nazianz	Ulrika
9. Mai	Graf Nikoluas von Zinzendorf	Beatus
10. Mai	Johnn Hüglin	Bertram
11. Mai	Johann Arnd	Gangolf
12. Mai	Pakratius	Pankratius
13. Mai	Hans Ernst von Kottwitz	Servatius
14. Mai	Nikolaus von Amsdorf	Bonifatius
15. Mai	Pachomius	Sophie

	für evangelische Kalender	für katholische Kalender
16. Mai	Die fünf Märtyrer von Lyon	Johannes Nepomuk
17. Mai	Valerius Herberger	Paschalis Baylon
18. Mai	Christian Heinrich Zeller	Johannes I.
19. Mai	Alkuin	Petrus Cölestin
20. Mai	Samuel Hebich	Bernhardin von Siena
21. Mai	Konstantin der Große	Hermann Josef
22. Mai	Marion von Klot	Rita
23. Mai	Girolamo Savonarola	Wibrecht
24. Mai	Nikolaus Selnecker, Esther	Auxilia
25. Mai	Beda der Ehrwürdige	Beda
26. Mai	Augustin von Canterbury	Augustin von Canterbury
27. Mai	Johannes Calvin, Paul Gerhard	Philipp Neri
28. Mai	Karl Mez	Wilhelm
29. Mai	Hieronymus von Prag	Maximin
30. Mai	Gottfried Arrald	Ferdinand
31. Mai	Joachim Neander	Hiltrud

Juni

	für evangelische Kalender	für katholische Kalender
1. Juni	Justin der Märtyrer	Justin
2. Juni	Blandina, Friedrich Oberlin	Marcellinus, Petrus
3. Juni	Hudson Taylor	Karl Ilwanga
4. Juni	Morandus	Clotilde
5. Juni	Winfried, Bonifatius	Bonifatius

	für evangelische Kalender	*für katholische Kalender*
6. Juni	Norbert von Xanten	Norbert
7. Juni	Ludwig Ihmels	Eoban
8. Juni	August Hermann Franke	Medard
9. Juni	Ephräm der Syrer	Ephräm
10. Juni	Friedrich August Tholuck	Bardo
11. Juni	Barnabas	Barnabas
12. Juni	Isaak le Febre	Leo III.
13. Juni	Antoine Coart	Antonius von Padua
14. Juni	Gottschalk der Wende	Hartwig
15. Juni	Georg Israel	Vitus
16. Juni	Johannes Tauler	Benno
17. Juni	August Hermann Werner	Rainer
18. Juni	Albert Knapp	Elisabeth von Schönau
19. Juni	Ludwig Richter	Romuald
20. Juni	Johann Georg Hamann	Silverius
21. Juni	Eva von Tiele-Winkler	Aloysius Gonzaga
22. Juni	Paulinus von Nola	Paulinus von Nola
23. Juni	Argula von Grumbach	Edeltraud
24. Juni	Johannes der Täufer	Johannes der Täufer
25. Juni	Prosper von Aquitanien	Prosper
26. Juni	Vigilus	Anthelm
27. Juni	Johann Valentin Andreä	Hemma
28. Juni	Irenäus	Irenäus
29. Juni	Apostel Petrus und Paulus	Apostel Petrus und Paulus
30. Juni	Otto von Bamberg	Otto

Juli

	für evangelische Kalender	für katholische Kalender
1. Juli	Heinrich Voes, Jan van Esch	Theobald
2. Juli	*Mariä Heimsuchung,* Georg Daniel Teutsch	*Mariä Heimsuchung,* Wiltrud
3. Juli	Antonio Paleario	Apostel Thomas
4. Juli	Ulrich von Augsburg	Ulrich
5. Juli	Johann Andreas Rothe	Antonius Maria Zaccaria
6. Juli	Johannes Hus	Maria Goretti
7. Juli	Tilman Riemenschneider	Willibald
8. Juli	Kilian	Kilian
9. Juli	Georg Neumark	Veronika
10. Juli	Wilhelm von Oranien	Knud, Erich und Olaf
11. Juli	Renata von Ferrara	Benedikt von Nursia
12. Juli	Natan Söderblom	Hermagoras und Fortunat
13. Juli	Heinrich II., Kunigunde	Heinrich II. und Kunigunde
14. Juli	Karolina Utrainen	Kamillus
15. Juli	Johannes Bonaventura	Bonaventura
16. Juli	Anna Askew	*Mariengedenktag auf dem Berge Karmel,* Donata
17. Juli	Märtyrer von Scili	Alexius
18. Juli	Paul Schneider	Answer
19. Juli	Johann Marteihle	Makrina
20. Juli	Margareta	Margaretha
21. Juli	John Eliot	Laurentius von Brindisi
22. Juli	Moritz Bräuninger	Maria Magdalena
23. Juli	Birgitta von Schweden	Brigitta

	für evangelische Kalender	für katholische Kalender
24. Juli	Christophorus	Christophorus
25. Juli	Apostel Jakobus d. Ä.	Apostel Jacobus
26. Juli	Luise Scheppler	Joachim und Anna
27. Juli	Angelus Merula	Pantaleon
28. Juli	Johann Sebastian Bach	Beatus und Bantus
29. Juli	Olaf der Heilige	Martha
30. Juli	William Penn	Petrus Chrysologus
31. Juli	Bartolomé las Casas	Ignatius von Loyola

August

	für evangelische Kalender	für katholische Kalender
1. August	Gustav Werner	Alfons Maria von Lignori
2. August	Christoph Blumhardt	Eusebius von Vercelli
3. August	Josua Stegmann	Lydia
4. August	Johannes Maria Vianney	Johannes Maria Vianney
5. August	Franz Härter	Mariä Schnee, Oswald
6. August	Die evangelischen Salzburger	*Verklärung des Herrn*, Felizissimus und Agapitus
7. August	Afra	Kajetan
8. August	Jean Vallière	Dominikus
9. August	Adam Reusner	Theresia Benedicta vom Kreuz
10. August	Laurentius	Laurentius
11. August	Klara von Sciffi	Klara
12. August	Paul Speratus	Radegunde
13. August	Radegundis, Paul Richter	Pontianus und Hippolyt

	für evangelische Kalender	*für katholische* Kalender
14. August	Georg Balthasar, Florence Nightingale	Maximilian Kolbe
15. August	Hermann von Wied	*Mariä Himmelfahrt,* Assunta
16. August	Leonhard Kaiser	Stephan von Ungarn
17. August	Johann Gerhard	Hyazinth
18. August	Erdmann Neumeister	Helena
19. August	Blaise Pascal	Johannes Eudes
20. August	Bernhard von Clairvaux	Bernhard von Clairvaux
21. August	Geert Grote	Pius X.
22. August	Symphorian	*Maria Königin,* Regina
23. August	Gaspard de Coligny	Rosa
24. August	Apostel Bartholomäus	Apostel Bartholomäus
25. August	Gregor von Utrecht	Ludwig
26. August	Wulfila	Wulfila
27. August	Monika	Monika
28. August	Augustinus	Augustinus
29. August	Martin Boos	*Enthauptung Johannes des Täufers,* Sabina
30. August	Mathis G. Nithart »Grünewald«	Riza
31. August	John Bunyan	Paulinus von Trier

September

	für evangelische Kalender	*für katholische Kalender*
1. September	Sixt Karl Kapff	Verena
2. September	Nicolai Frederik S. Grundtvig	Apollinaris
3. September	Oliver Cromwell	Gregor der Große
4. September	Giovanni Mollio	Switbert
5. September	Katharina Zell	Maria Theresia Wüllenweber
6. September	Matthias Weibel	Magnus
7. September	Lazarus Spengler	Otto von Freising
8. September	Korbinian	*Mariä Geburt*
9. September	Luigi Pasquali	Petrus Claver
10. September	Leonhard Lechner	Theodard
11. September	Johannes Brenz	Maternus
12. September	Matthäus Vlicky	*Mariä Namen*
13. September	Johannes Chrysostomus	Johannes Chrysostomus
14. September	Cyprian	*Kreuzerhöhung,* Conan
15. September	Jan van Woerden	*Mariä Schmerzen,* Dolores
16. September	Kaspar Tauber	Cornelius und Cyprian
17. September	Hildegard von Bingen	Hildegard
18. September	Lambert	Lambert
19. September	Thomas John Barnado	Januarius
20. September	Carl Heinrich Rappard	Eustachius
21. September	Apostel und Evangelist Matthäus	Apostel Matthäus
22. September	Mauritius	Mauritius
23. September	Maria de Bohorques	Linus
24. September	Hermann der Lahme	Rupert und Virgil

	für evangelische Kalender	*für katholische Kalender*
25. September	Paul Rabaut	Nikolaus von Flüe
26. September	Herrezuela und Leonore de Cisnere	Kosmas und Damian
27. September	Vinzenz von Paul	Vinzenz von Paul
28. September	Lioba	Lioba und Thekla
29. September	Erzengel Michael	Erzengel Michael, Gabriel, Raphael
30. September	Hieronymus	Hieronymus

Oktober

	für evangelische Kalender	*für katholische Kalender*
1. Oktober	Petrus Herbert	Theresia vom Kinde Jesu
2. Oktober	Pietro Carnesecchi	Schutzengel, Beregis
3. Oktober	Franz von Assisi	Ewald
4. Oktober	Rembrandt	Franz von Assisi
5. Oktober	Theodor Fliedner	Meinolf
6. Oktober	William Tindale	Bruno der Kartäuser
7. Oktober	Heinrich Melchior Mühlenberg	*Mariengedenktag vom Rosenkranz*, Rosa
8. Oktober	Johann Matthesius	Sergius
9. Oktober	Justus Jonas	Dionysius
10. Oktober	Bruno von Köln	Viktor
11. Oktober	Huldreich Zwingli	Bruno von Köln
12. Oktober	Elisabeth Fry	Maximilian
13. Oktober	Theodor Beza	Lubentius
14. Oktober	Jakob der Notar	Kallistus I.
15. Oktober	Hedwig von Schlesien	Theresia von Avila

	für evangelische Kalender	*für katholische Kalender*
16. Oktober	Gallus, Lukas Cranach	Hedwig
17. Oktober	Ignatius von Antiochien	Ignatius
18. Oktober	Evangelist Lukas	Evangelist Lukas
19. Oktober	Ludwig Schneller	Jean de Brébeuf, Isaac Jogues
20. Oktober	Karl Segebrock, Ewald Ovir	Wendelin
21. Oktober	Elias Schrenk	Ursula
22. Oktober	Jeremias Gotthelf	Cordula
23. Oktober	Johannes Zwick	Johannes von Capestrano
24. Oktober	Starez Leonid	Antonius Maria Claret
25. Oktober	Philipp Nicolai	Krispin, Krispinian
26. Oktober	Frumentius	Amandus
27. Oktober	Olaus, Lorenz Petri	Wolfhard
28. Oktober	Apostel Simon und Judas	Apostel Simon und Judas
29. Oktober	Henri Dumant	Ferrutius
30. Oktober	Gottschalk	Liutburg
31. Oktober	*Reformationsgedenktag*, Wolfgang	Wolfgang

November

	für evangelische Kalender	*für katholische Kalender*
1. November	*Gedenktag der Heiligen*	*Allerheiligen*
2. November	Johann Albrecht Bengel	*Allerseelen*
3. November	Pirmin	Rupert Mayer
4. November	Claude Brousson	Karl Borromäus
5. November	Hans Egede	Emmerich

	für evangelische Kalender	*für katholische Kalender*
6. November	Gustav Adolf	Leonhard
7. November	Willibrand	Willibrand
8. November	Willihad	Willihad
9. November	Emil Frommel	Theodor
10. November	Leo der Große	Leo der Große
11. November	Martin von Tours	Martin
12. November	Christian Gottlob Barth	Josaphat
13. November	Ludwig Harms	Stanislaus Kostka
14. November	Gottfried Wilhelm Leibniz	Alberich
15. November	Albert der Große	Albert der Große
16. November	Jan Amos Comenius	Margareta von Schottland
17. November	Jakob Böhme	Gertrud von Helfta
18. November	Ludwig Hofacker	Odo von Cluny
19. November	Elisabeth von Thüringen	Elisabeth von Thüringen
20. November	Bernward von Thüringen	Bernward
21. November	Wolfgang Capilo	*Mariengedenktag in Jerusalem*, Amalberg
22. November	Cäcilia	Cäcilia
23. November	Kolumban	Kolumban
24. November	Johannes Oekolampad	Modestus
25. November	Katharina	Katharina von Alexandria
26. November	Konrad	Konrad und Gebhard
27. November	Virgilius von Salzburg	Bilhildis
28. November	Margaretha Blarer	Gerhard
29. November	Saturninus	Friedrich
30. November	Apostel Andreas, Alexander Roussel	Apostel Andreas

Dezember

	für evangelische Kalender	*für katholische Kalender*
1. Dezember	Eiligius	Eiligius
2. Dezember	Jan van Ruysbroek	Lucius
3. Dezember	Ämilie Juliane von Schwarzburg-Rudolstadt	Franz Xaver
4. Dezember	Barbara	Barbara
5. Dezember	Aloys Henhäfer	Anno
6. Dezember	Nikolaus, Ambrosius Blarer	Nikolaus
7. Dezember	Blutzeugen des Thorner Blutgerichts	Ambrosius
8. Dezember	Martin Rinckart	*Unbefleckte Empfängnis Mariä*
9. Dezember	Richard Baxter	Eucharius
10. Dezember	Heinrich Zütphen	Petrus Fourier
11. Dezember	Lars Olsen Skrefsrud	Damasus I.
12. Dezember	Vicelin	Johanna Franziska von Chanta
13. Dezember	Odilia	Odilia
14. Dezember	Berthold von Regensburg	Johannes vom Kreuz
15. Dezember	Gerhard Uhlhorn	Wunibald
16. Dezember	Adelheid	Adelheid
17. Dezember	Abt Sturmius von Fulda	Yolanda
18. Dezember	Wunibald, Willibald	Desideratus
19. Dezember	Paul Blau	Mengoz
20. Dezember	Katharina von Bora	Julius
21. Dezember	Apostel Thomas	Anastasius
22. Dezember	Dwight Liman Moody	Jutta
23. Dezember	Anne Dubourg	Johannes von Krakau

	für evangelische Kalender	*für katholische Kalender*
24. Dezember	Matilda Wrede	Adam, Eva
25. Dezember	*1. Christtag: Geburt des Herrn*	*Weihnachten: Geburt des Herrn*
26. Dezember	*2. Christtag,* Erzmärtyrer Stephanus	*Fest der heiligen Familie,* Stephan
27. Dezember	Apostel und Evangelist Johannes	Apostel Johannes
28. Dezember	*Unschuldige Kindlein,* Reinhard Hedinger	*Unschuldige Kinder,* Hermann und Otto
29. Dezember	Thomas Becket	Thomas Becket
30. Dezember	Martin Schalling	Lothar
31. Dezember	*Altjahresabend,* Johann Wiclif	Silvester I.

Anhang

War das Passende nicht dabei? Schwer vorzustellen, aber vielleicht können Ihnen die folgenden Buch- und Internettipps weiterhelfen.

Literaturtipps

Adam, Birgit: Die schönsten internationalen Vornamen.
    München: Wilhelm Heyne Verlag 2007
Adam, Birgit: Die schönsten nordischen Vornamen.
    München: Wilhelm Heyne Verlag 2007
Andresen, Julia: Das große Buch der Vornamen. München:
    Wilhelm Heyne Verlag 2003
Kohlheim, Rosa und Volker: Lexikon der Vornamen.
    Mannheim: Dudenverlag 1998
Lindau, Friedrich C.: Die schönsten Vornamen für Ihr Baby.
    Stuttgart: Urania 2004
Schill, Ines: 4000 Vornamen aus aller Welt. Von Alexander
    bis Zoe. Niedernhausen: Bassermann 1997
Schlüter, Christiane / Drews Gerald: Christliche Namen für
    unser Kind. Eine Entscheidungshilfe für Eltern. Augsburg:
    Sankt Ulrich Verlag 2006
Voorgang, Dietrich: Die schönsten Vornamen. Von Aaron bis
    Zoe. München: Goldmann 2005

Voorgang, Dietrich: Vornamen aus aller Welt. München: Mosaik 2002

Weitershaus, F.-W.: Das neue große Vornamenbuch. München: Bassermann 2006

Zimmermann, Dorit: Knaurs kleines Buch der Vornamen. München: Knaur 2006.

Die verwendeten Bibelzitate stammen aus: Die Bibel. Einheitsübersetzung. Altes und Neues Testament. Stuttgart: Katholische Bibelanstalt 1980.

Informationen aus dem Internet

Auf den folgenden Internetseiten finden Sie Vornamen aus aller Welt, häufig auch mit Hinweisen zu Herkunft und Bedeutung, Hitlisten, juristische Entscheidungen und vieles mehr.

www.babynamebox.com
www.babynamer.com
www.babynamesworld.com
www.baby-vornamen.de
www.behindthename.com
www.beliebte-vornamen.de
www.familie-online.de
www.firstname.de
www.kindername.de
www.kunigunde.ch
www.top-babynamen.de
www.vornamen.ch
www.vornamenarchiv.de
www.vornamenlexikon.de